寫給年輕人的佛學入門

初機者必讀，最受大專院校學生歡迎的佛學指南

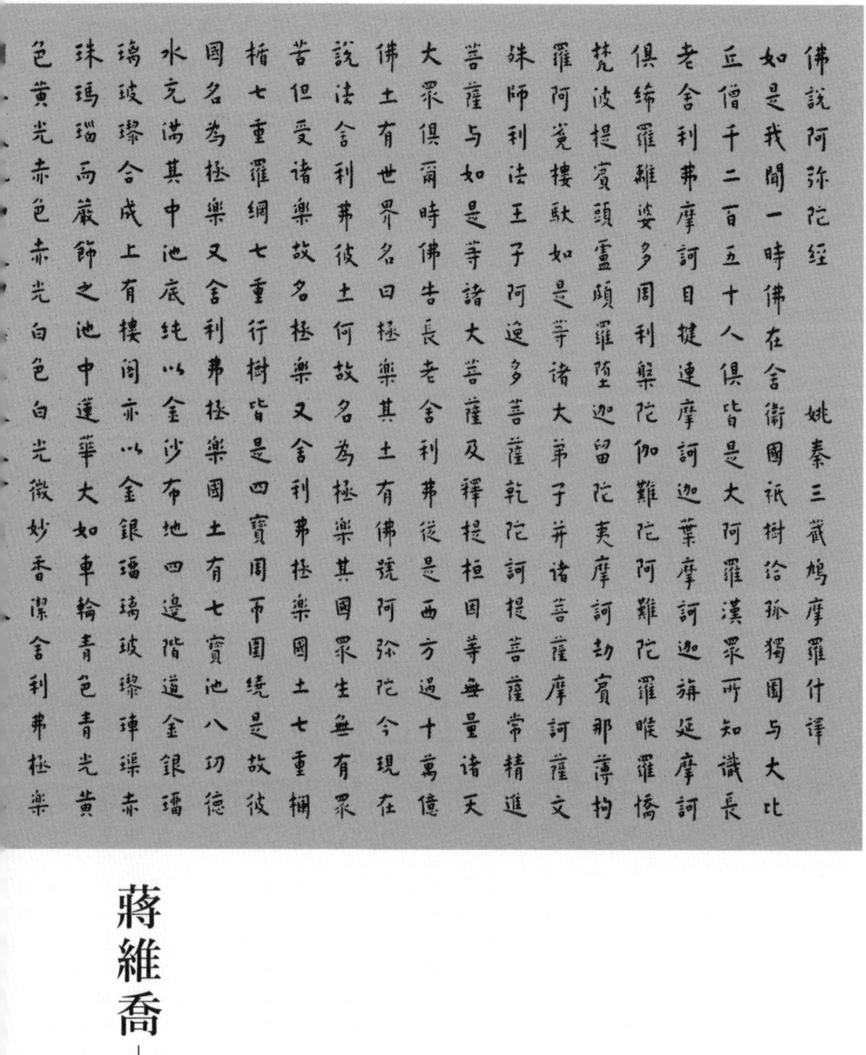
佛說阿弥陀经　姚秦三藏鳩摩羅什譯
如是我聞一時佛在舍衛國祇樹給孤獨園与大比
丘僧千二百五十人俱皆是大阿羅漢眾所知識長
老舍利弗摩訶目揵連摩訶迦葉摩訶迦旃延摩訶
俱絺羅離婆多周利槃陀伽難陀阿難陀羅睺羅憍
梵波提賓頭盧頗羅墮迦留陀夷摩訶劫賓那薄拘
羅阿㝹樓馱如是等諸大弟子并諸菩薩摩訶薩文
殊師利法王子阿逸多菩薩乾陀訶提菩薩常精進
菩薩与如是等諸大菩薩及釋提桓因等無量諸天
大眾俱爾時佛告長老舍利弗從是西方過十萬億
佛土有世界名曰極樂其土有佛號阿弥陀今現在
說法舍利弗彼土何故名為極樂其國眾生無有眾
苦但受諸樂故名極樂又舍利弗極樂國土七重欄
楯七重羅網七重行樹皆是四寶周帀圍繞是故彼
國名為極樂又舍利弗極樂國土有七寶池八功德
水充滿其中池底純以金沙布地四邊階道金銀琉
璃玻瓈合成上有樓閣亦以金銀琉璃玻瓈硨磲赤
珠瑪瑙而嚴飾之池中蓮華大如車輪青色青光黃
色黃光赤色赤光白色白光微妙香潔舍利弗極樂

蔣維喬——著

專文推薦

一部導引初學的佛學入門書

藍吉富

本書是二十世紀初，大陸學者蔣維喬所撰的佛學入門書。作者蔣維喬（一八七三～一九五八年），江蘇武進人，字竹莊，別號因是子。曾任江蘇省教育廳長、東南大學教授等職。其著作中，《佛學概論》、《因是子靜坐法》、《中國佛教史》等書，大約在一九七〇年代都曾在台灣重版。

佛學之難以入門，主要有下列三種原因：

一、在長遠的歷史發展中，教義有階段性的變化

佛教發展到現在，已經超過兩千年。在印度，有小乘佛教、大乘佛教、密教三階段，各階段都有不同的教義與修行方法。流傳到中國、日本之後，又衍生出多種不同教義的宗派。因此，現代人如果只閱讀一個宗派的佛書，往往難以

掌握到佛法的全部綱領。

二、經論繁多，教義體系複雜

印度佛教史三階段的發展，凸顯出三種類型的佛法。這三種佛法，各有其所依據的佛經，再加上解釋經典的各種論書，數量更是驚人。一般人面對這麼多經論，往往會茫然不知所措。更何況佛教傳到中、日兩國之後，新的著作層出不窮。其中所包含的教義，體系多樣，理論艱深。對一個初學者而言，自是難免望洋興嘆。

三、名相太多，難以索解

佛教經論是從印度語文翻譯過來的。其中，孕育於印度文化之中所形成的專門術語，數量更是多得難以計算。這些術語（名相）對一般人而言，也甚難理解。常見的情況是，乍看之下每個字都認得。可是一組合成佛學術語，就完全不知所云。

上述三事，是接觸佛書者所常遇到的困難。因此，一部適當的佛學入門書，顯然必須對這三個問題有所對治。依我看，蔣維喬的這部著作，應該就是企圖克服這三個問題所撰述的入門書。他希望能讓讀者掌握到佛教史之不同階段的特質、佛教的基本教義、文獻的內涵，以及相關的研究方法。而且他用相當淺顯的白話文去解析佛學名相，企圖使讀者能跨越被名相阻隔的第一道藩籬。單就「導引初學」這一目標而言，作者可以說是相當用心的。

作者活躍於二十世紀上半葉，他對當時學術界（尤其是日本佛學界）的研究成果頗為熟諳。因此，從本書內容，也可以看出其中含有若干佛學研究成果的影子。不過，因為作者活躍於二十世紀前半葉，距今已有八、九十年。從當時到現代，佛學界的研究、探討與看法已經有大幅度的發展，因此，本書所敘述的某些觀點，也與今日學術界所見稍有不同。茲舉數例，說明如次：

其一，本書第五章第五節之末，引用《菩薩處胎經》與《大智度論》，而認為「明明大乘經典，在佛滅度後早就結集，而且不止一次」。關於這一看法，現代學術界已經少有人相信。學術界一般的看法是：大乘經是在釋尊之後數百年才陸續、逐漸出現的。至於大乘經典的結集，一般認為那是後代的傳說，不足採信。

其二，第六章第二節謂：「龍樹不但創立大乘的顯教，並且從南印度鐵塔裡面見金剛薩埵……所以龍樹一人實兼立顯密兩種大乘教。」這一看法，也不為現代學術界所認同。大多認為顯教的龍樹（即《中論頌》的作者），並非傳說中闡揚密教的祖師。

其三，第六章第二節謂：「馬鳴菩薩最初發表大乘思想。」這種看法現在也很少人會認可。

其四，在第九章第一節中，作者列舉出若干佛學入門書，如《大乘起信論》、《華嚴原人論》、《佛教初學課本》、《佛教問答》以及他這部《佛學綱要》。在第四節之末，又列出「佛學入門書表」，羅列甚多古今佛學名著。作者這種安排，可以看出他的用心。但是，由於他所處的時代，距今大約有八、九十年之久。因此，所列的書，當然過分陳舊。而且，最重要的是，出現於近三、五十年間的新版入門書（當然是蔣維喬所未及見的）為數甚多，而本書都無法提及。這固然是時代所限，不足為病。但是現代人在閱讀這些資料時，必須要知道現代佛學界也有「現代行情」，千萬不要以為只有本書所載的那些資料而已。

其五，第七章第三節卷末論及的當代各宗概況，所描述的是七、八十年前，中國大陸的佛教生態，與現代台灣的佛教發展態勢並不盡同。這一點也是必須提醒讀者的。

上面所提出的幾點，是因為時代區隔所引生的若干差異。瞭解這一發展趨勢之後再來閱讀本書，當可以避免若干誤解。

（本文作者為法鼓山．中華佛學研究所研究員）

專文推薦

進入佛法堂奧的綱要式指南

陳劍鍠

蔣維喬先生是中國教育現代化的主要推動者之一，他於一九二二年出任江蘇教育廳廳長之前，對於教育措施已有多方建言與貢獻。例如早於一九〇二年在上海加入中國教育會、在家鄉籌辦常州藏書閱報所和體育傳習所，一九〇五年負責商務印書館速成小學師範講習所，一九〇七年兼任愛國女校校長，一九一〇年編《學校管理法》等等。尤值得提出的是，在推動佛學研究方面，蔣先生曾向北京大學校長蔡元培建議，北大因而於一九一八年設立唯識科的課程，這是中國高等教育設有佛學課程之始。另外，一九二二年六月在北京成立法相研究會，一九二三年與學術界、佛教界人士共同發起影印日本《續藏經》；一九二五年出任東南大學校長，亦為該校學生開設佛學課程，是為南方高等學府開講佛教哲學的先驅；一九三一年，南宋《磧砂藏》孤本被發現，蔣先生參與成立的影印宋版藏經會，負責編印、流通等事宜。

蔣先生的著作豐富，儒、釋、道三家皆有。而在佛學方面的著作，早期有《佛學大要》、《佛教淺測》簡述佛教義理；在此二書的基礎上，續撰《佛教概論》（一九三〇年出版），較為深入地論析佛教的各個方面。後來又重撰《佛學綱要》（一九三五年出版），讓初次接觸佛學的人，得有入門之徑。此外，他還依據日本境野哲先生（號黃洋，一九七一～一九三三）所著《支那佛教史綱》，撰有《中國佛教史》十八章。

《佛學綱要》從一九三〇年開始執筆，至一九三五年完成，歷時五年。蔣先生在〈自序〉中言及自己的學佛經歷：「三十幾年前，自己研究佛典，得不到淺近入門書，枉費了無數的冤枉功夫。」因而在該書第一章第二節，重申此書：「竭力達到詳略得當、文理明白，叫讀者容易瞭解的地步。」的確，佛典浩瀚廣博，常令初學者望洋興嘆，此書言簡意賅，共分十一章，在〈緒論〉引介什麼叫做佛學，並對「佛學」與「學佛」作出區分，這對初學者而言，不啻為一重要提醒，鑒照二者之不同，能避免在佛學及學佛的歷程裡周折不已。這也呼應蔣先生在〈結論〉所指出：「佛教最大目的，是教人修行，超脫生死苦痛，無論研究歷史，研究教理，都是為修行的預備。」這能看出蔣先生撰寫此書的用意，此意味深長的話，實能點出學佛要義。此書是作為知識性的輔助，對於修道悟道，須將經義與解悟融合在一起。初學者由此進入佛法堂奧，勵學自修，方不致貪程而蹉路。該書接續在各篇章介紹：對佛教的成立背景及原因、有關釋迦牟尼的略史、佛教的立腳點和教法、經論的結集、佛教在印度的盛衰、佛教傳入東方的狀況、大藏經的雕刻、佛教的研究方法、佛家的修行方法等等作出簡要述說。但須特為注意的是，蔣先生有感於佛教不重視歷史，起於印度的民族性使然，缺乏歷史觀念，所以佛典中關於歷史材料，錯亂荒誕，不可究詰。因而，此書著重於從佛教史的角度來介紹佛法，他在第九章第二節指出：「本書第二、第三章和第五、第六章，頗涉及印度佛教的歷史；第七章，涉及中國佛教的歷史；於佛教上向來最缺乏的史料，特別注重搜集，就為彌補舊時的缺憾起見。學者既得了這種歷史知識，當更做進一步的探究。」這充分表明，蔣先生是以佛教文獻為基礎，講述佛學概論。他個人於一九一七年至一九二二年，勤勉用功，大量閱讀大約八十五種，一百五十多冊的佛學書籍，日後在佛學素養上更有增長，可見，他貫徹了個人研究所得於這部綱要。

我於年輕時期，喜於靜坐。其原因在於當時接觸宋明理學，發現多數理學家喜談靜坐理論及方法，並且親身實踐靜坐。因而，嚮往之餘，無師自學，於坊間購得蔣先生《因是子靜坐法》，由此入門，進而學習天台止觀、曹洞默照禪法等。後來，又因學術研究需要，閱讀蔣先生的《中國近三百年哲學史》、《中國佛教史》兩本大作。近日研閱其《佛學綱要》，此書從初版迄今，雖有八十餘年，然其使用白話，讓現代人在熟悉的語言上，初步認識佛學、學習佛法，作為綱要式的入門書，亦有其合宜處。商周出版有鑒於此，為普及佛學而重新排版，並更名為《寫給年輕人的佛學入門》，並且索序於我，以引掖後生。然引掖則不敢，遙想當年拜讀蔣先生著作，受其啟迪，今謹簡要述說蔣先生對佛學的貢獻，以及跡象摹寫《佛學綱要》的意涵，恐有葫蘆畫樣之譏。是為序。

（本文作者為香港中文大學人間佛教研究中心主任、國立屏東大學中國語文學系教授）

自序

有一天，我友舒新城來說：「中華書局現在擬編一套百科叢書，專供中學程度的人閱讀。擬定的目錄中間，有《學佛綱要》[1]一種，要請您擔任。但有兩個條件，一是不可太深，二是要用白話。」我聽他這話，想了一想，頗難立刻回答。因為佛教的本身，是建築在理智上面的，比任何宗教來得精深博大，要說得十分淺近，根本上就有點為難。至於白話文字，我向來雖沒有做過，倒可以遷就的。

隔了幾天，舒君居然送到正式函件，一定要我擔任這工作。我想一、二十年前，自己研究佛典，得不到淺近入門書，枉費了無數的冤枉工夫，回想起來，真不值得。倘然能藉這機會，做一部淺進的書，方便方便初學的人，教他們不再像我的暗中摸索，有一條坦坦平平的路，可以向前走去，也是很有益的，就

1 即本書。

毅然答應下來。

答應是答應了，但是怎樣著手，方可以真正達到「淺近」兩個字呢？這不是容易的事。左思右想，經過多日，方才得到三條原則：

一是佛學上的專門名詞不易了解，最為初學的難關。這書於專門名詞，可以少用，就捨而不用；遇到必用的名詞，隨時拿這名詞界說意義，講明以後，方敘述下去。倘若行文時不便多加說明，就在本句底下加以夾註。

二是佛學上高深的道理，也為初學所不能明瞭的。這書多採事實，少談玄妙，只將佛學上根本原理，詳細說明，此外各宗的廣泛的學說概從省略。

三是佛家的修道方法，各宗派別不同，也很複雜，這書也不一一羅列，只將簡單而可以實踐的，說明大略。

定了這三條原則，方才著手編輯。如今全書告成，拿來翻閱一過，似乎中學程度的人，可以懂得。現代關於佛學的入門書，恐怕再要比這書淺近，是沒有的了。

我提筆做白話文，這還是第一次。但是我並不是主張文言反對白話的人，從前所以不大做白話的緣故是因為文言簡短，白話冗長，三句兩句就可了的文言，改用白話，或須七八句、十幾句方可說完。我好幾十年用慣了文言的工具，一旦要改做白話，倒反覺得費事。從前不大做白話，就不過為這點小關係，並沒有什麼新舊的成見在那裡。

記得民國八、九年時候，我在北平。這時我國的白話大家胡適之，正在大吹大擂，提倡白話文。有一天，我在友人陳頌平桌上，看到適之寫給頌平一個字條，卻全是文言，旁邊特加小註云：「事繁不及做白話。」可見徹底主張白話的人，到忙的時候，也不得不用文言，並且還要特別聲明暫時不做白話的緣故，免得人家疑心他改變節操。拿這件小小故事來引證，可見事繁的人，又是向來用慣文言工具的，不肯輕易做白話，不足為奇了。

我做完了這部書，也覺得白話有許多好處。往往有文言不能摻入的說話，用白話文寫來，可以暢所欲言，覺得頭頭是道，平添讀者許多興味。況且舒君新城規定的百科全書，每冊拿五萬字為限，講到佛學的材料，就是十萬字、二十萬字，也可以寫不完的。我這部書，依照上面三條原則去搜材料，當然有一大部分不能適用，所以反覺得枯窘，幾乎五萬字還湊不滿。幸虧是白話，可以多說幾句，方才能夠合格，否則恐怕不能交卷了。但是我做的白話，是正正當當的語體，不像那些時髦人，一開口就拿下等人的粗言鄙語，塗得滿紙，中間還要夾入許多古奧的成語在裡面，自家以為獨倡的格局，人們也因為他是當代偉人的手筆，不敢加以非難。這種妖模怪樣的白話，儘管友人恭維他是聖人，我是絕對不敢贊成的。

目錄

專文推薦 一部導引初學的佛學入門書／藍吉富……002
專文推薦 進入佛法堂奧的綱要式指南／陳劍鍠……007
自序……012

第一章 緒論……021
第一節 什麼叫做佛學……022
第二節 研究佛學怎麼樣下手……024
第三節 佛學和學佛須要分別清楚……028

第二章 佛教的背景和它的成立原因……031
第一節 佛出世前印度的思想界……032
第二節 佛出世前印度的社會……037

第三節　佛教成立的原因……039

第三章　釋迦牟尼的史略……043

第一節　釋迦成道以前的狀況……044
第二節　釋迦成道的時期……048
第三節　釋迦的轉法輪……051
第四節　釋迦的入涅槃……055

第四章　佛教的立腳點和它的教法……059

第一節　佛教立腳點在乎人生的多苦觀……060
第二節　佛家的教法……065

第五章　釋迦滅度以後弟子結集遺教……079

第一節　第一次結集……080

第二節　第二次結集……084
第三節　第三次結集……089
第四節　第四次結集……092
第五節　大乘經典的結集……095
第六節　祕密經典的結集……098
第六章　佛教在印度的盛衰……103
第一節　小乘佛教的分裂……104
第二節　大乘佛教的發展……107
第三節　大小兩乘的分別……115
第四節　印度佛教的衰頹……117
第七章　佛教傳入東方的狀況……121
第一節　佛教東傳的時期……122
第二節　歷代的譯經事業……125

第三節　各宗的次第成立……137
第八章　《大藏經》的雕刻……155
第一節　中國雕印的《大藏經》……156
第二節　日本雕印的《大藏經》……162
第九章　佛教的研究方法……169
第一節　佛教大體的研究……170
第二節　佛教歷史的研究……172
第三節　佛教教理的研究……174
第四節　經論的研究……182
第十章　佛家的修行方法……195
第一節　戒定慧三學……196
第二節　禪觀……205

第三節　唸佛……211
第四節　持咒……221
第十一章　結論……225
附錄……227
附錄一：佛學大意……228
附錄二：五蘊大意……239
附錄三：近代佛學入門推薦書單……250

第一章　緒論

第一節　什麼叫做佛學

佛陀的意義

這個「佛」字，是從印度梵文裡翻譯出來的名詞。如果拿梵文聲音，完全翻出，就是「佛陀」兩字。它的意思，就是「覺者」。這覺者又含三種意義：一曰自覺；二曰覺他；三曰覺行圓滿。

什麼叫做自覺？就是說佛自己先能覺悟。

什麼叫覺他？是說佛不單是自己覺悟，並且化導他人，教他人也能覺悟。

什麼叫覺行圓滿？是說佛自己覺悟，又覺悟他人，這兩種德行，已到了圓滿無缺的地位。

然這佛陀兩字，平常習慣用省略的稱呼，就叫作：佛。

佛教與佛學

世界無論哪種宗教，各宗各有依據的哲理，然多少總帶些迷信的色彩。惟有佛教的基礎，是完全建築在理智上的。所以包含的哲理，很高很深，非但任何宗教所不能及。就拿東西洋的各種哲學來比較，也沒有哪一種哲學能夠趕得上的。

我們略去佛家的宗教形式，單拿它的學理來講，也就覺得包羅萬有，趣味宏深，這是稍微涉獵的人所公認的。用這等方式，當作一種學問去研究，就可以叫做「佛學」。

第二節　研究佛學怎麼樣下手

《大藏經》與《一切經》

佛家的經典，全部整個兒的，稱為《大藏經》，又叫做《一切經》。

這名詞是什麼時候起的呢？那是隋朝開皇元年，命京師以及諸大都邑地方，一律用官家經費抄寫一切經，安放在各寺院裡，又另外抄寫一份，藏在皇家的祕閣裡面，這就是「藏經」和「一切經」兩個名稱的來源。

照此看來，「藏」字最初是含有貯藏的意味，到後來又加添了包藏豐富的意味。

經、律、論三藏

《大藏經》的內容，分為三大部分：一曰經藏，二曰律藏，三曰論藏。

經藏的梵音，叫做「素呾纜」，乃是記錄佛的言說。素呾纜的本義，是用線去貫串花鬘（花鬘，是印度人的裝飾）的意思。佛的言說，能夠貫串一切的道理，所以拿素呾纜來做比喻。

我國古來稱聖人的言說為「經」。經字的義：訓為常，訓為法，其意是指聖人的言說，就是常道，是可以為世間所取法的；並且織布時，直線為經，橫線為緯，也有用線去貫串的意思，所以古時翻譯的人，就譯「素呾纜藏」為「經藏」。

律藏的梵音，叫做「毗奈耶」，乃是佛所定的戒條。毗奈耶的本義是滅，謂佛弟子遵守這種戒條，可以消滅身、口、意三業的過惡的意思（我們有所造作，名為「業」。一切造作的業，不外身的動作、口的說話、心的主使，這叫做「身口意三業」）。和我國的律令意味相同。所以古時譯「毗奈耶藏」，為「律藏」。

論藏的梵音，叫做「阿毗達磨」。阿毗譯為對，達磨譯為法，就是用對觀真理的智慧，得到的涅槃妙法的意思（「涅槃」是梵音，譯為寂滅。佛家超脫生死，到得不生不滅的地位，名曰涅槃）。換句話說：論藏所收錄的，大抵是菩薩（菩薩是梵音，譯為「覺有情」，言其既能自己覺悟，又能度脫眾生。眾生有生命情感，故稱「有情」。菩薩之地位，次佛一等）發揮經義，教誡學徒的議論；學徒得這種教誡，就能觀察其理，發生智慧，照此方法修行，可以超脫生死的苦，到達不生不滅的境界。

研究藏經的下手方法

提到大藏經，那就是一部二十四史，真不知從何處說起了。這部龐大的經，卷帙的繁多、義理的高深、文字的古奧，三件的中間有了一件，就能叫學者望洋興歎，況且這三件都是完備的呢！然而我們不要害怕，凡是一種學問，無論怎麼樣艱難，總有下手的方法。這方法，先要提綱挈領，曉得它的來源和大概，尋到入門的徑路，然後就我們天性所近的去細加研究。研究時當然要用「泛覽」和「精讀」兩種功夫。

但是佛學進中國以後發達經過幾千年，恰從來沒有人為初學做過入門的書。近數十年中，方才有人注意到此，出了幾部《佛教初學課本》、《佛教問答》等書；著者亦曾做過《佛學大要》、《佛教淺測》兩書，然而不是失之太深，就是失之太略。

這也難怪，凡百事體，在草創的時期，這種毛病總是免不掉的。如今做這部《佛學綱要》，就要竭力達到詳略得當、文理明白，教讀者容易瞭解的地步。

第三節　佛學和學佛須要分別清楚

佛學與學佛是兩件事

佛學是一件事，學佛又是一件事，兩者驟然看來沒有分別，實則大有分別，學者不可不先弄清楚。

怎麼叫做佛學？就是深通經典、精研教理，成為博聞強記的學者。這種全在知識方面用功，可以叫做佛學。

怎麼叫做學佛？原來我佛教化眾生的本意，是叫人依照他的方法去修行，得以超出生死苦海，方算成功。所以佛所說的種種經典，那是對眾生的種種毛病開的藥方，並不是叫人熟讀這張藥方裡的藥名，就算了事，是要拿藥吃下去，除掉病根的。病根果然除掉，這藥方就用不著的了。我們能夠依照佛法修行，從精神方面用功，方可叫做學佛。

說食不飽的譬喻

佛經上常常提到一句話，叫做「說食不飽」（「如人說食終不能飽」語見《楞嚴經．卷一》），這話是什麼意思？是說我們饑餓時，總要想吃；吃時，總要想飽，那是人人相同的。倘然有一種好說空話的人們，對著饑餓的人，說得天花亂墜，羅列許多山珍海味，單有空名，並沒有食物，結果枉教饑餓的人，聽是聽得有味，腹中仍不得一飽，這就叫「說食不飽」。就是譬喻佛經裡面的道理，窮高極深，我們單從知識方面去求廣博的學理，不從精神方面去求實在的受用，那麼和「說食不飽」毫無兩樣。所以我們要研究佛學，還是先學佛最重要。

【問題】

一、研究佛學和尋常學問不同之點？

二、經、律、論三藏之意義如何？

第二章　佛教的背景和它的成立原因

第一節　佛出世前印度的思想界

佛教產生的背景

大凡一種宗教的產生，必有它的背景，絕非無緣無故突然出來的，佛教當然也不能逃出這個公例。

原來，印度古代有婆羅門教，「婆羅門」是梵音，譯為淨行，是事奉天神的一種宗教。他們教徒，自稱為梵天的後裔，世世拿道學為職業，操行清淨，所以稱淨行。

距現今四千餘年以前，雅利安民族從中央亞細亞入居西北印度，漸漸移殖到恆河上流[2]。這個地方適處溫帶，氣候清和，物產豐富，這族人逍遙快樂，感謝天帝的恩寵，就生崇拜的信念。彼等以為天空的光明，就是神靈的表現，便向日、月、星、辰、電光等各方面虔誠禮拜，以為可以消災求福，因此有供獻的

2 即指上游。

祭物、讚美的祭歌。久而久之儀式愈繁，普通的人未必能夠熟習，於是有專司祭祀的僧侶，另成一種階級，就叫做婆羅門。

婆羅門的教典

大凡原始社會的初民，沒有不敬畏天神的，並且認為天神是和人類差不多，總是有人格、有意志的。婆羅門族人的思想也是這樣。彼等所做的祭歌，讚美天神的偉大，認為人格的天神，含有道德的性質；對於下民，有行使賞善罰惡的職權。經歷年代較久，這種讚歌和祭祀儀式，自然帶有神祕的意味，因此編集成功一種教典，就是古來所傳有名的《吠陀聖典》（「吠陀」，譯為「明智」）。

這種聖典有四種：第一種叫「梨俱吠陀」，譯它的意，是讚誦明論，中間所收錄的全屬宗教的讚歌；第二種叫「沙磨吠陀」，譯它的意，是歌詠明論，中間收錄的屬於祭祀儀式的頌文；第三種叫「夜柔吠陀」，譯它的意，是祭祀明論，中間收錄祭祀儀式的歌詞。

以上三種吠陀，在祭祀天神時候，各由僧侶分別諷誦。後來又有一種，收錄世俗相傳的咒術，和供神卻沒有關係，別名叫做「阿闥婆吠陀」。譯它的意，是禳災明論。

此合前三種，稱為「四吠陀」。這四吠陀是婆羅門形成宗教的聖典，也是印度古代的思想淵泉。

婆羅門的神祕學風

婆羅門僧侶因掌管祭祀的緣故，在社會方面，自然成一最高階級。因為要永久保持他們優越的地位，於是拿從來傳習的讚頌和儀式，認做一族專有的東西。他們把文句定得十分詳密，義理說得十分幽玄，形成一種繁瑣神祕的學風；他們處處稱天意做事，任何事件，都含著祕密意味。

他族的人，對婆羅門自然只有尊敬，哪敢和他平等呢！然而雅利安民族慢慢地向南方移殖，佔有印度全部。因風土的轉移，思想上也發生重大變化。這茫茫宇宙，漸漸脫離神話的範圍，要向理智去探索了。這也是人類知識發展一定的過程，所以到了吠陀末世，就有根據吠陀經典，用系統的哲理眼光，去考察宇宙大原的一種哲學產生。就「梵」的觀念加以解釋，不認為它是人格的神，而認為它是抽象的絕對原理。這原理是宇宙的本體，能夠出生一切萬物。

這派哲學，就是有名的優波尼沙曇[3]所創的「唯心主義」。然猶不過就吠陀思想，離開神話的領域，移到哲學的領域，沒有力量在吠陀思想以外另豎一幟。

自然派哲學的產生

後來又有出乎吠陀思想以外，主張個人自由考察、創立自然派哲學的。起初一派就宇宙的具體物質加以說明，如地論、服水論、火論、風仙論等都是。更進一步，又有一派就宇宙的抽象觀念加以說明，如時論、方論、虛空論等都是。從此，各種思潮紛紛的起來，或是合流，或是衝突，派別愈多，複雜愈

3 根據丁福保《佛學大辭典》解釋，優波尼沙曇，一作優波尼沙土，為吠陀後所出，附屬於阿蘭若迦部分之一大文學。謂之優婆尼沙曇，其意為數極多，其內容非一人之思想，其所說區區。今亘於全體而觀其思想之傾向，論宇宙之本源，造化之本體，確立為印度思想根本之梵我不二大義，脫婆羅門傳說之宗教的色彩，為純然自由思索之哲學。此其特色也。

甚。然而對於吠陀思想，總不外乎傳統和改革兩派。

傳統派是主張繼承吠陀聖典，加以解釋的；改革派是主張離開《吠陀聖典》，自由探索的。因此，印度思想就陷入混亂狀態。宗教革新機運漸漸成熟，這是佛教的第一個背景。

第二節　佛出世前印度的社會

印度的四姓階級

印度的社會，因人種、政治及職業的關係，自然而然造成四姓的階級，就是婆羅門種、剎帝利種、吠舍種、首陀羅種。

婆羅門譯為淨行，前面已經說過，因為他們專門掌管祭祀，所以佔四姓中最高的位置。

剎帝利譯為田主，因他們為世間大地的主，就是執掌政權的王族，所以居第二位。

吠舍譯為商賈，就是普通的人民，居第三位。

首陀羅譯為農人，就是被雅利安民族征服的土人，專為農民供田主驅遣的，所以居第四位。

婆羅門種既靠著宗教的力量，保持他們的地位，又造出種種神話，說四種族姓，都從梵天降出：婆羅門是從梵天的口中生出，剎帝利是從梵天的臍中生出，吠舍是從梵天的脅間生出，首陀羅是從梵天的腳下生出，所以唯有婆羅門最為尊貴，應該居第一位。

他們又想到要保持這階級制度，單靠神話力量還不十分充足，於是又制定政教混合的《摩拏法典》[4]。這法典既然頒佈，那麼階級的分別，格外嚴厲。四姓的中間，不但不許通婚姻往來，並且上下貴賤的種種待遇，亦遂不平等。

然此階級制度的不平，人心極端不能自由，哪裡能夠永久維持下去。意志薄弱的人，在這階級壓制底下，感嘆身世的不自由，多傾向那厭世思想；意志堅強的人，就對這宗教起了懷疑。加以婆羅門教發達到了頂點，僧侶專橫，多有不道德的行為，處處失卻人心。宗教革新的運動，更有新進展的勢力，這是佛教第二個背景。

4 根據丁福寶《佛學大辭典》與《佛光大辭典》所釋，摩拏，又譯為摩奴。《摩拏法典》為印度婆羅門教之法典，係以《摩奴法經》為基礎所修補而成，是印度法典中最古老的著作，其邊成年代約為西元前二世紀至西元後二世紀之間。該書內容敘述，法典是由梵天所著，傳其後代。全書共十二章，內容主要是關於吠陀習俗、慣例與說教之法律條文。此法典古來為印度人生活法規之基準，緬甸與泰國一帶信仰皆受其影響。

第三節　佛教成立的原因

理智的高等宗教

印度思想界和社會，既有上面所說的兩種背景；這時候有大教主佛陀，應運出世，拿那些混亂的思想，著手整理，叫它歸於統一，創立理智的高等宗教，又打破當時的不平等階級，拿慈悲平等的精神，來普度眾生。這種革新宗教，適應乎大多數人心的要求，無怪印度人民，沒有一個不歡迎，不久就普遍全國了。

婆羅門教，是完全建築在神祕上面的。那些傳統派和改革派，又各是其是，各非其非，學理的根據既不確實，對於人生的苦痛，又沒有真正解脫的方法；哪裡能夠和佛教抵抗呢？所以佛教一經成立，婆羅門教和各派哲學，都不能立足，幾乎到了銷聲匿跡的地步。當時佛門中人，因為佛教是佛陀從自己心內實證得到的，不似婆羅門教和各派哲學，是從心外追求的，於是就稱佛教為「內學」，稱他教為「外道」。

佛教的平等精神

印度的階級制度中，最受壓迫，絲毫得不到自由的，就是居第四位首陀羅賤族。然而這等賤族在四姓中間，佔了大多數。佛陀打破種姓階級，正合他們的心理。

原來佛陀是刹帝利王種，是次於婆羅門的貴族。貴族的人，立出來主張賤族應當平等，除了婆羅門一族外，哪裡還有不贊成的呢？所以佛教不單是教理遠勝於他教，就這主張平等的舉動，是應受大多數人的歡迎的。

【問題】

一、婆羅門教的內容如何？

二、印度哲學有幾派？

三、印度四姓階級的由來？

四、佛教如何可稱為高等宗教？

五、佛陀對於階級觀如何？

第三章　釋迦牟尼的史略

第一節　釋迦成道以前的狀況

釋迦牟尼的意義

前面第一章中間所說的「佛陀」，那是一種通稱，實則這創立佛教的大教主，叫做「釋迦牟尼」。

「釋迦」是種族的名稱，譯它的意，是叫「能仁」。「牟尼」的意思，譯為「寂默賢人」，這是說釋迦種族中的寂默賢人。他實在的姓，叫喬答摩[5]，譯它的意，是叫「地最勝」，因為印度上古有創作吠陀讚頌的婆羅門，名叫瞿答摩，就是釋迦的始祖，所以拿他的名做姓。他實在的名，叫悉達多，譯它的意，是叫「成就」。然而通常稱呼，總是叫佛陀，或叫釋迦牟尼，喬答摩·悉達多的真姓名，倒不大用哩。

拿舊稱呼來比，那麼「佛陀」猶如稱「聖人」，「釋迦牟尼」猶如稱「孔

5 喬答摩，又譯瞿曇、裘曇、俱譚具譚、瞿答摩、俱譚、具譚。

子」，「喬答摩・悉達多」猶如稱「孔丘」。可是我們常常用得著的，就是聖人，就是孔子，孔丘的真姓名，也是不大用的。

釋迦的降生

釋迦種族聚居在中印度羅泊提河[6]的東北，分成十家，各佔一小城，做小城的君主。這許多小城中間，惟迦毘羅衛城頂有勢力，城主名叫淨飯王，就是釋迦牟尼的父親。

和迦毘羅衛城隔河相對，有拘利城。兩家王族彼此向來通婚嫁，所以淨飯王也依著舊例，娶了拘利城主的兩女做王妃，長女叫摩耶，次女叫波闍波提。摩耶夫人到了四十五歲，方才懷胎。他們的土俗很稀奇，女子懷胎足月，必定要回到娘家去生產。可是摩耶夫人回娘家的時候，到得半路，就要生產了，這地恰巧有一座別莊，叫「藍毘尼園」，是拘利城主替他的夫人所蓋的，摩耶夫人就在這園中娑羅樹底下，生產悉達多。生產的日子，是西元前五百六十五年四

6 羅泊提河，即指恆河。

月初八日，太陽初出的時候。

但是摩耶夫人生產以後，經過七天就病死了。這悉達多太子，是他的姨母波闍波提夫人撫養成人的。

釋迦以太子出家

悉達多太子，天資聰明，七、八歲時候，從婆羅門的學者受文事教育，世間一切的學問沒有不通曉的；又從武士學習諸般武藝，膂力也勝過別人。他做太子的時候，有一天，同著諸王子出城比武，忽然有一隻大象攔住城門，諸王子都不敢前進，他就不慌不忙跑到門口，兩手把象舉起，向門外擲出，更飛步向前又把象接在手中。這是何等的本領！

拿世間的眼光看來，他既是王太子，又抱著這等文武全才，真是享盡人間的富貴，哪裡還有絲毫不滿足呢？但悉達多這人卻也奇怪，他一眼看清人間生、老、病、死的苦痛，沒有法子可以解脫，從小就是如此，把這件大事體，刻刻放在心中，要想出家。淨飯王知道了大吃一驚，趕緊在他十六歲的時候，就替他娶了耶輸陀羅做妃子，也是拘利城主的女兒。後來生了一個兒子，叫羅睺羅。

此外，淨飯王又想盡方法，在太子的宮中陳設種種娛樂，選擇城中許多美女，叫她們侍候太子。然而這太子毫不在意，到十九歲時就決計出家修道。

第二節　釋迦成道的時期

釋迦先修苦行後成正覺

釋迦出家以後，就去訪問婆羅門教中的學者，想學他們的解脫大道，先後訪過三人，初訪隱居在森林中的跋迦婆，次訪阿羅邏迦蘭，次訪鬱陀迦羅摩子。這些都是仙人，大概以生前修苦行、死後升天上為解脫法門。

釋迦以為死後升天，仍舊不能超出生死，對於他們這等大道不能滿足，就自己跑到東北方尼連禪河[7]旁邊苦行六年，每天只吃一麻一麥，弄到身體削弱，僅存皮骨，結果仍舊一無所得。

他忽然明白苦行的徒勞無益，就跑到尼連禪河邊，洗洗身上多年的積垢。遇著一個牧牛的女兒，拿牛乳送給他吃。吃了以後，身體精神漸漸恢復原狀，於是又跑到佛陀迦耶[8]地方，畢波羅樹[9]（就是後世所稱的菩提樹）底下，鋪吉祥草

7　尼連禪河，為印度恆河支流。
8　佛陀迦耶，即今菩提伽耶。
9　又稱畢缽羅樹。
10　音譯姑奢、俱舒，矩尸。意譯上茅、茆草、犠牲草。因佛陀成道之前，由吉祥童子將此草鋪設於座位上，使之敷坐其上，因此被視為神聖祥瑞。修行者也將此作為修行坐臥之具。

[10]，東向跏趺而坐，端身正念，靜默思維，自己發大誓願說道：「我今若不證無上大菩提，寧可碎是身，終不起此坐。」（《方廣大莊嚴經．第八》）

無上，是無可再上的意思；大菩提，是大智慧。釋迦發這大誓願，是說我如今若不能證得無上的大智慧，寧可粉碎這個身體，終久坐在這處，絕不起來的。

下了這等大決心，思維到七七四十九天半夜，靜坐時候，忽睹明星照破黑闇，心中豁然大悟，就成功了無上的正覺。這是十二月初八日，總計釋迦自十九歲出家，修行十二年方能成道的。

如今僧寺中，於臘八日，用菜果和米煮粥送人，叫做「臘八粥」。民家也多在這日煮粥，成了一種風俗，就是紀念釋迦成道日子的。

正覺的內容

這正覺的內容，竟覺悟的什麼呢？就是從內心的觀察，探著我們生、老、病、死的苦痛的根源，對於人生的問題，有充滿的解答。他的答案，就是下面兩件事：

一、請問人的生、老、病、死，和一切的不自在，究竟從那裡來的？

就答道：這完全從煩惱來的。替這煩惱起個名詞，叫做「無明」，就是不明白真實的道理的意思。

二、請問用怎麼樣的方法，就可以解脫人生的一切不自在呢？

就答道：要從內心思惟的禪定功夫得到大智慧，豁破無明，就可以得到解脫。

這就是釋迦親自證到的正覺。既然得這正覺，所以看著有生命的眾生，都是一律平等，自然要打破四姓的階級。又看這眾生，被無明所迷，長是沉淪在生死苦海中間，不得出頭，自然要抱著悲憫的心腸，起來超度眾生了。

佛教的根本原理就是如此，所以是建築在理智上的偉大宗教。

第三節　釋迦的轉法輪

轉法輪的兩種意義

釋迦說法度眾生，叫做「轉法輪」。這轉法輪有兩種解釋：

第一種解釋，法字的意思，是法律、法則，就指一切萬理的真理基礎而言；輪字，是印度古代戰爭時候所用輪狀的武器，這武器所向無敵。如今拿來比喻佛陀所說的法，獨得真理，一切邪說異論，都被它摧破無餘，所以叫做轉法輪。佛陀初次所說的法，方得稱轉法輪，以後就不過是重複申說罷了。

第二種解釋，就謂佛陀所說的法，常常能夠摧破一切邪說異論，不管先後，總叫做轉法輪，不必限定初次所說的（見曇無讖[11]所譯的《大般涅槃經．第十四》）。

11 曇無讖（西元三八五～四三三年），為中國南北朝時代的著名高僧，涅槃宗之始祖。

釋迦遊化的地方

釋迦成道以後，四十五年中，遊化四方說法度眾生，從來不曾間斷。他足跡所到的地方很多，如北方雪山腳下的迦毘羅衛城、西方的拘睒彌城、東方的瞻波城、南方的婆羅捺斯城……這等國度大都在恆河流域。釋迦曾到過的。各城主中間，對於佛教大都十分信仰，尤其是摩揭陀城的頻婆沙羅王、舍衛城的波斯匿王，他兩人誠心誠意的保護佛教，更是無微不至。

因為釋迦的信徒一天多過一天，就拿他們自己的園林住宅，供獻給佛陀做道場，這中間頂大而有名者有好多處：

一是王舍城附近的竹林精舍，建築在靈鷲山（原名耆闍崛山）中，那是摩揭陀城的長者迦蘭陀皈依佛教以後，在釋迦成道的年頭，拿自己的竹園供獻於佛所建立的。這精舍是印度最初建立的僧園，又叫做「迦蘭陀精舍」。精舍的意義，是說精進修行、息心養靜的地方。

一是舍衛城的祇洹精舍，那是舍衛城的給孤獨長者，在釋迦成道的第二年，向波斯匿王太子祇陀購買的園林所造的，所以又叫「給孤獨園」。

此外，國王和長者供獻的園林殿堂極多，不必一一列舉。總之，釋迦說法，在以上兩精舍時候為最多。

釋迦的出家在家的弟子

釋迦遊行教化，在成道的第一年，已經有弟子千餘人。上自國王、貴族，下至乞丐、妓女，如果誠心棄邪歸正，沒有一個不收受的，所以弟子的數目多至不可勝計。

起初專收男人做弟子，這種團體叫做「僧伽」，就是大眾的意思；後來釋迦的姨母波闍波提夫人也出家做尼姑，因此更收受女弟子。

男子出家的叫「比丘」，比丘二字，譯它的意是乞士。這乞字對上面說，是向佛陀乞法以治心；對下面說，是向世俗乞食以養身，含有兩種意思。出家修道的人不准私蓄財產，專恃乞食度日的，但和乞丐不同，乞丐是只知道乞衣食，不曉得乞法的。

女子出家的叫做「比丘尼」。「尼」字在梵文上，是表顯女性的聲號。還有不出家而在家信奉佛教的男女，男叫「優婆塞」，女叫「優婆夷」，就是清信男、清信女的意思。出家的男女，叫做「出家二眾」；在家的男女，叫做「在家二眾」。總共稱為四眾。

第四節　釋迦的入涅槃

涅槃的意義

涅槃二字是梵音，譯為滅度。滅度就是消滅生死的因果，渡過生死的苦海，得到解脫，永遠不再受生死苦痛的意思。

我們前世造因，今世結果；今世又造因，來世又要結果。生生死死，猶如車輪旋轉，永沒有完了的。釋迦教化眾生超出這生死苦海，他老人家自己先要留個模範，叫人可以學步，所以到八十歲時候，就表現涅槃的相貌。如今寺院裡所塑的臥佛，就是釋迦的涅槃相。

釋迦最後一次的遊行

釋迦到八十歲的高年，自己覺到教化眾生因緣已了。因此從王舍城向拘尸那揭羅地方做最後一次的遊行，又率領弟子渡恆河，到摩揭陀國的毘舍離地方，剛巧碰到雨期。

原來印度天氣，從四月十六日起三個月裡為夏季，這時候多雨，稱為「雨期」。佛教徒在這三個月內禁止外出，專心坐禪修學，這種制度，叫做「安居」。

釋迦就打算在毘舍離安居三個月再去，又因為這地方剛剛碰著荒年，隨從弟子人數眾多，不容易得到食物，就叫大眾各自分散，獨與阿難陀[12]在這裡安居。這時釋迦已經有病，想想許多弟子都不在面前，不應該就入涅槃，於是自己支持，以待他們。等到安居期滿，釋迦又向西行，到波婆城，有金工名叫純陀其人，供獻旃檀樹耳[13]。釋迦吃了病就更重，立刻回到拘尸那揭羅的跋提河邊，沙羅雙樹中間，一日一夜說完一部《大般涅槃經》，頭向北，面向西，右脅側

12 阿難陀，即阿難。原是佛陀的堂弟，二十五歲出家，後為佛陀十大弟子之一。因記憶極佳，被譽為「多聞第一」，受持一切佛法。

13 旃檀，即是《本草剛目》中所說的白檀、檀香。旃檀樹耳是生於旃檀樹的木身，被視為稀有珍貴的實物。

臥，以二月十五日入涅槃。

釋迦臨滅時，囑咐阿難陀說：「汝謂佛滅度後，無復覆護，失所恃耶？勿造斯觀，我成佛來，所說經戒，即是汝護，是汝所恃。」（見《長阿含遊行經．第二後分》）又告弟子：「無為放逸！我以不放逸故，自致正覺。無量眾善，亦由不放逸得。一切萬物，無常存者。」（同上）這是釋迦最後的教誡。他對弟子的叮嚀懇切，到如今還可以想見哩。

釋迦滅後，照佛家的規矩應用火葬，名叫「荼毘」。這時高足弟子大迦葉[14]尚在靈鷲山，諸弟子大家商量，以為葬事很重大，要等迦葉到後方可舉行。經過七天，迦葉也趕到了，就行荼毘的葬禮。於是摩揭陀國人，和釋迦同族的八國人，共分釋迦遺骨回去，各自建造寶塔。時在西元前四百八十六年，距今兩千四百二十餘年[15]。

14 大迦葉，佛陀十大弟子之一，是諸弟子中最無執著之念者。為人清廉，深受佛陀信賴，於佛陀圓寂後，成為教團領導者。

15 本書原為民國四十一年上海中華書局出版，與今日計算年分不同。尊重原作之故，維持原書年分。

【問題】

一、釋迦何故要出家？

二、什麼叫正覺？

三、法輪的解釋如何？

四、釋迦遊行所到地方有幾處？

五、釋迦臨滅時的教誡如何？

第四章　佛教的立腳點和它的教法

第一節　佛教立腳點在乎人生的多苦觀

人生苦痛多快樂少

人們在世間，忽忽然度過一生，壽命極長的也難得超過百年，短的就不過幾十年，極短的不過幾歲就夭折了，甚至於一出母胎就死了。不論壽長壽短，倘若拿人們從生到死幾十年中經過的日子總算起來，是快樂的日子多呢？還是苦痛的日子多呢？

回頭一想，任何人回答這個問題，必定要說：「苦惱的日子，總比快樂的日子多的是。」

這就是人生的「多苦觀」。不提起也就罷了，一提起來，是人人能覺得的。

宗教大都是解決人生問題的

癡愚的人，糊裡糊塗，虛度一生，一切不去管他，倒也沒有什麼問題。至於稍微聰明的人，就要對這個人生問題起了懷疑。懷疑些什麼？就是人為什麼要生在世間？既然生在世間，為什麼要受這種苦惱？

這問題真不容易解決。凡是宗教，大都為解決這個問題而起的。有的說是世界最初的人，不聽上帝的話，所以有罪惡苦惱；有的說是人們做事違背天意，所以要受罰。但這事不徹底的解決，有知識的人，絕不肯相信它的話。

生老病死

人們的苦惱，實際的情狀究竟是怎麼樣？大概不外乎生、老、病、死四大段，如今且逐段來研究一下：

一、生苦：驟然看來，生活是很快樂的，怎麼一出母胎就苦起來呢？這是我們素來不明白的，一經說穿，就的的確確是苦的了。試想母親肚裡懷胎，胎盤是極其窄狹的，胎兒蜷曲在中間，起初就要受盡壓迫的痛苦；漸漸長大，壓迫的痛苦也隨時加增。母親喝熱湯的時候，猶如沸水澆身；喝冷水的時候，猶如寒冰著體。並且逼近腸臟、膀胱，胎兒是飽嘗膿血尿屎的臭穢，不過自己不能說罷了。這是受胎時的苦楚。

至於出胎時候，突然離開溫暖的母腹，觸著周圍極冷的空氣，所以胎兒必定要大叫大哭。他的柔嫩皮膚，要拿衣物去包裹，就和尖銳東西來錐刺他一樣的痛。這時嬰兒雖不會說，然已經能哭叫了，這明明是出胎時的苦楚。出生以後，在世做人，境遇是有窮有富，地位是有高有低，相貌是有善有醜……種種環境，都是惹起苦痛的根源。總名叫做「生苦」。

二、老苦：人生從幼年到壯年、壯年到老年，光陰如箭，一去不回，看看是精力強盛的青年，曾幾何時已入衰老的境界了。《楞嚴經》裡（卷二）描寫波斯匿王[16]自傷衰老的一段文字，最能叫人驚心動魄，今把它錄在下面：

我昔孩孺，膚腠（音湊）潤澤，年至長成，血氣充滿，而今頹齡，迫於衰耄，形色枯悴，精神昏昧，髮白面皺，逮將不久……變化密移，我誠不覺寒暑

16 人名，舍衛國國王名。

遷流，漸至於此。

老景催人，就在不知不覺的時間慢慢地逼上來，真是無可奈何的事。這叫做「老苦」。

三、病苦：世間不論何人，有了這個肉體，總是免不了病痛的。任憑你身體如何強健，病魔一旦來臨，就要叫你呻吟痛楚，臥床不起。至於體弱多病的人，更不必說了。病的種類雖多，但最大的原因，總在身、心兩方面的不調和。如身體受寒受暑，就叫血液的循環不能優良；心中有煩惱悲哀，也能影響到血液，叫它停滯，到這時候，病魔就乘虛攻入了。講究衛生的人，病痛可少些，然而總沒有一世不生病的。這叫做「病苦」。

四、死苦：提到「死」字，是人們最害怕的。然而儘管害怕，誰也不能跳出死的關頭。最有幸福的，是享得高年、壽盡而死，其餘或是因病而死、或是遭刑戮、水、火、刀、兵而死。死路雖不是一條，歸根結底，終是一死。死期將到，這一苦非同小可。就叫做「死苦」。

除以上四苦外，人們的苦痛尚多，說也說不盡，姑且不贅。今要問究竟有沒有避苦得樂的方法？那麼可爽爽快快回答道：有的。佛教的大目的，就是解決這個生死大問題。這問題若能解決，一切的苦就沒有了？

要知道佛家如何能夠解決這個問題，應看下文所講的教法。

第二節　佛家的教法

自造因自受果

釋迦在菩提樹底下，靜坐思惟的結果，徹底明白人生多苦的原因，完全是人們自己造業、自己得果，和上帝並沒有相干。我們這個軀殼，就是過去世自己造作的苦因，今世結成的苦果。根本上既然是個苦果，無怪乎生、老、病、死的苦痛，沒有法子可以避免了。然而人們不曉得這個道理，今世又造下許多苦因，未來世又要結成苦果。所以生生死死都是因果的連屬關係，聽其自然，是永沒有了期的。釋迦所成的道，就是解脫生死的法門，這法門就是斷除生死的連鎖，達到不生不滅的涅槃境界。詳細說來，有下列三種的教法：一、四諦；二、十二因緣；三、六度。

的。

四諦

什麼叫做四諦呢？四諦是苦、集、滅、道。

「諦」字是「審察」的意思，是說審察這四種道理，實實在在，是絲毫不虛的。

世間一切都是苦，就是無意識的大地山河，也時時刻刻在那裡變壞，如陵谷變遷，是我們知道的。至於有生命的人們，身心兩方面的變壞，以及環境的壓迫，最顯明的生、老、病、死苦痛，上文已經說過了。所以我們一舉一動，沒有一處不受因果支配的。觀察這等道理，實在不虛，就叫苦諦。

既然知道這苦果，就要研究結成這果的原因，這原因是什麼？就是過去世的惑和業。什麼叫惑？惑就是煩惱，分別說來，就是貪、瞋、癡。人們對於飲食、男女、名利，沒有不貪的。然而雖有貪欲，未必盡如我們的意，有求便得，遇到求不得的時候就要發瞋了，這瞋怒最足以害事的。

切實說來，所以要貪要瞋，無非是不瞭解我身、我心以及世界，都是變化無常的。迷誤了這個真理，自已去找尋煩惱，這不是十分的癡愚嗎？就叫做癡。

貪、瞋、癡三種，是人們一出生就帶來的，所以叫「根本煩惱」，也叫「三毒」，也叫做「惑」。這惑不除，就要發現於身、口、意方面而造成「三業」。譬如人們為貪得財貨，最初必先起意，叫做「意業」；起意取這財貨，就要進行，或是出之於口，向人請求，叫做「口業」；出口請求，尚得不到手，更要用別種方法，甚至用不正當的手段去偷盜，叫做「身業」。這是單就惡業而言，其實從身、口、意方面發現的善事，也叫做業。然而沒有貪、瞋、癡的三毒來幫助它，這身、口、意三業，是不會自己發動的。

聚集這種惑和業，就是造成今世苦果的原因。觀察這種道理，實在不虛，就是「集諦」。

明白了惑和業，集成苦果的道理，就要想法滅卻這種苦痛，進入究竟安穩的涅槃境界。觀察這種境界，真實不虛，就是「滅諦」。

要到達這涅槃境界，必須修道方可。道有八種，也叫做「八正道」：一正見，二正思惟，三正語，四正業，五正命，六正精進，七正念，八正定。

確實見到四諦的真理，就是「正見」；思量推求四諦的真理，就是「正思惟」；一切妄言惡語，不出於口，就是「正語」；離開殺生、偷盜、邪淫等惡行，就是「正業」；人們必求生活，以養他的命，然應該做正當的職業，不宜用邪術騙取金錢，就是「正命」；既知修道，不可懶惰，必須勉勵努力，向前進行，就是「正精進」；不論行、住、坐、臥，念茲在茲，常注意在正道，不起邪念，就是「正念」；修道最緊要的功夫，要入禪定，就是「正定」。觀察這種修道功夫，真實不虛，就是「道諦」。

佛弟子中間，有親自聽見佛說四諦的道理，修行成就的人，就叫「聲聞」。聲聞修成的果，叫做「阿羅漢」；阿羅漢是梵音，阿字譯為不，羅漢譯為生。是說他修成這果，永不再生這惡濁世界哩。

十二因緣

什麼叫十二因緣呢？如今拿因緣的意義，先弄明白，再來研究這十二個名詞。

原來釋迦在成道的時候，靜坐思惟，所得到的最精最確的道理就是：宇宙間不論有生命和無生命的東西，都是內因外緣，湊合成功，並沒有上帝在後面做主宰。這些東西的本身，也沒有永久不變的我體，無非是因緣湊合就生，因緣分散就滅，生生滅滅，相續無窮，就是宇宙萬有的總相。

我們隨便舉一件東西來說，都可證明這因緣的理。如飲茶的茶杯，怎麼樣做成功的？就是泥土做它的因，人工、水、火做它的緣，因緣一朝湊合，就做成茶杯。倘若有因沒有緣，或有緣沒有因，這茶杯是永久做不成的。茶杯使用久了，或一朝失手墜地，就因緣分散而歸於破滅。不論什麼東西，都可用這因緣的方式去解釋。無生命的東西，固然如此，就是有生命的人們，也是因緣湊合成功的。

這十二因緣，就是拿人們從投入母胎，以至出生到老死，分作十二段去觀察，也可說是佛家的人生觀；也就是拿苦集二諦，來詳細說個明白。

這十二個名詞是什麼？列在下面：

一、無明；二、行；三、識；四、名色；五、六入；六、觸；七、受；八、愛；九、取；十、有、生、老死。

無明，是不明白真理，就是癡，也叫做惑。行，是身、口、意三方面的造作，有時做善事，有時做惡事，有時做不善不惡的事，也叫做業。上文說集諦時候，不是曾提及過去世的惑和業，是造成今世苦果的原因嗎？可知無明和行，是拿集諦分開詳說，是人們過去世所造的「二因」。

識，是心上的分別作用，凡是有生命的人，他的肉體儘管死滅，他的心識卻是不滅，又會去投胎的。拿現在通行的話來講，這心識彷彿是像靈魂；靈魂被過去世的惑業所驅迫，碰到父母交合時候，就會去投胎。所以人們是識為因、父母為緣，因緣湊合而成人的。

名色二字，名就是指心說，色就是指身說。為什麼不叫身心，要另起這名色的名詞呢？是因為投胎以後，精神和物質慢慢地結合，長成胎兒，這時心識既極其闇昧，形體也沒有完全，所以不叫身心，叫做名色，是身心沒有完全的稱呼。

六入，就是眼、耳、鼻、舌、身、意的六根。人們眼能看見色彩，耳能聽見聲音，鼻能嗅著香臭，舌能嚐著滋味，身體能覺得痛癢等感觸，心意能考想一切事事物物，這叫做六根。胎兒在母腹中幾個月，慢慢地長成這六根，稍微能夠有點感入，但是作用並沒有完全，所以另起個名詞，叫做六入。

觸，就是感覺，是指出胎以後至兩、三歲的嬰兒，能接觸外境，起極簡單的知覺，不能分別孰是苦、孰是樂，並不起愛憎的感情，所以單叫做觸。

受，是指四、五歲至十四、五歲時候，心識逐漸發達，能領受環境，起飲食、玩具等希望，遇順境就曉得快樂，遇逆境就曉得苦痛，隨時起愛憎的感情，所以叫做受。

從識至受，共五段，是拿苦諦來分別詳說，是人們現在世所結的「五果」。

愛，是十六、七歲時候，貪戀財貨女色，生種種的欲望，貪戀不已，執著在心，不肯放捨，所以叫做愛。

取，比愛更進一步，是成人以後，貪愛的心增長，必定取得到手，方能滿他的欲望，於是廣造身、口、意三業，這叫做取。

有，是現在世既然造業，必定又有將來的苦果，所以叫做有。愛和取是現在世的惑，有是現在世的業，和過去世的無明、行，是一樣的，也是拿集諦來分別詳說，這是現在世所造的「三因」。

生，是說既有現在世所造的因，那麼未來世又免不了要去投胎的，這叫做生。老死是說未來世既然投胎受生，又免不了要死滅的，這叫老死。生和老死，也是拿苦諦來分別詳說，這是未來世的「兩果」。

這十二因緣，通過去、現在、未來三世。從過去的兩因，生現在的五果；又從現在的三因，生未來的兩果。我們生生死死，輪轉不已，叫做「輪迴」，根本不外乎惑和業為因，造成生死的苦果。釋迦說明這等人生觀真能抉出生死的大原，不是他種宗教所能及得到的。今再以左圖表明之如下。

這十二因緣，就是詳細說明苦集二諦。看上文便可明白，人的一生無非是內因外緣湊合而生，了無實實在在的我。這因緣的最初一念，是無明。可知若能滅除無明，其餘的緣，也必隨之而滅，這生死的連鎖，不怕它不斷了，就是滅諦。

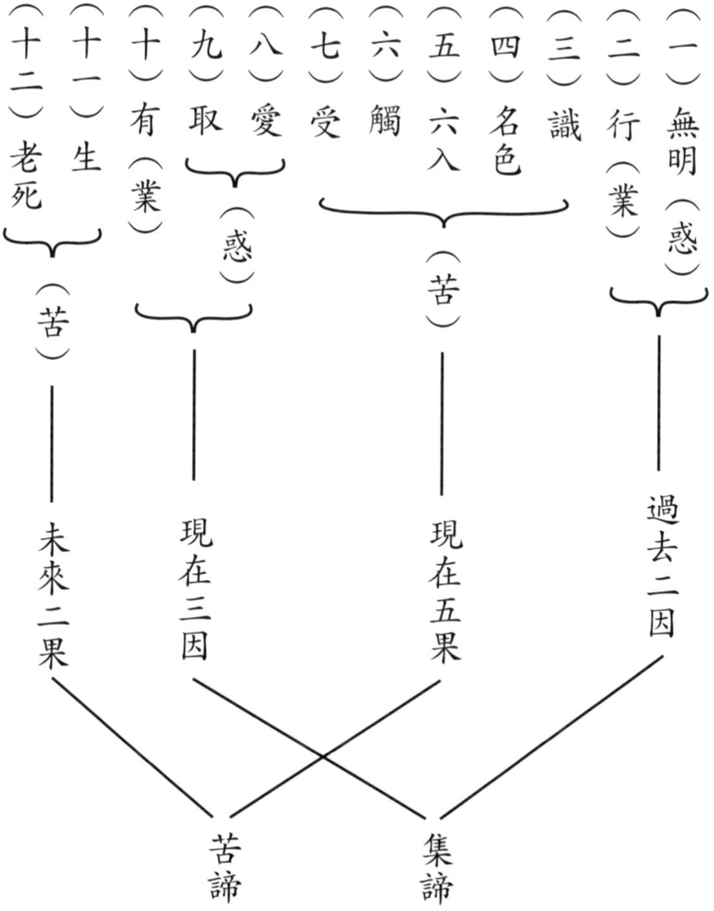
（一）無明（惑）
（二）行（業）
（三）識
（四）名色
（五）六入
（六）觸
（七）受
（八）愛
（九）取
（惑）
（十）有（業）
（十一）生
（十二）老死
（苦）
（苦）
過去二因
現在五果
現在三因
未來二果
集諦
苦諦

既知道無明可滅，必須用真實的智慧，觀察這十二因緣，努力修道，方可滅除無明，了脫生死，達到涅槃，就是道諦。

佛弟子中間，有比聲聞聰明的人，不必親聽佛說，獨自觀察十二因緣的道理，也能修行成功的，這叫做「緣覺」。他修成的果，叫做「辟支佛」。辟支是梵音，舊譯為因緣，新譯為獨，佛是覺義。辟支佛，就是緣覺，也就是獨覺。

六度

什麼叫做六度呢？六度的梵音叫「六波羅密」。「波羅」二字，譯為彼岸；「密」字譯為到。是說修這六種法門，可從生死大海的此岸，渡到涅槃的彼岸，所以叫做六度。

六度的名詞如下：一、布施；二、持戒；三、忍辱；四、精進；五、禪定；六、般若。

這六度是菩薩所修的，菩薩的梵語是「菩提薩埵」。菩提是智慧，薩埵是眾生，是說他拿智慧去上求佛道，拿慈悲來下救眾生，簡單稱呼，就叫菩薩。

前面聲聞、緣覺兩種人，只曉得度自己，不曉得度眾生，局量狹小，所以叫做「小乘」。菩薩修行，看眾生和自己一樣，要先度眾生，後度自己，局量廣大，所以叫「大乘」。正惟菩薩修行，不單為自己，所以第一就是布施。

布施有兩種，一是「財施」：是拿衣服、飲食等和生活所需要的一切東西，隨著自己力量，施送於他人；二是「法施」：是拿自己從諸佛及善友處聽得的法門，以清淨的心腸，轉為他人詳說，並不希望報酬的。這兩種總叫布施。

其次是持戒。持戒是防止身、口、意的惡業的。

戒的根本有五種：不殺、不盜、不淫、不妄語、不飲酒。次是忍辱，辱有兩種：一是「生忍」，是菩薩對於同類的人而發的。如有人對他恭敬供養的時候，菩薩絲毫不生驕怠心；有人對他瞋罵打害的時候，菩薩絲毫不生怨恨心。二是「法忍」，是菩薩對於不同類的自然大法而發的。如遇著大冷、大熱、大風、大雨的時候，又如遇饑餓口渴的時候。平常的人，必定要苦惱憂愁，不能忍耐，菩薩就能安然忍受，絲毫不起憂惱，這兩種總叫忍辱。

次是精進。精進有二種，一是身精進，勤修善法，或禮拜，或誦經，或對人講說，無論什麼時候，自身一點不肯懈惰；二是心精進，勤行善道，心心相續，自心一點不敢放逸。這兩種總叫精進。

次是禪定。禪定是掃除一切妄念，專心注定一個正念，這是佛家最重要的功夫。

最後是般若。般若是梵語，譯為智慧，這智慧是禪定功夫很深的時候才發生的。通曉一切諸法（佛經中，凡一切事事物物均為法），叫做「智」，斷惑證理叫做「慧」，絕不是平常所說的聰明智慧可比，所以獨用般若的譯名，叫人知道和平常智慧大有分別。

這六度就是四諦中的道諦，不過更加積極的利他行善，和聲聞、緣覺只曉得自利的，廣狹不同罷了。佛弟子中間，修這六度得到大涅槃果的，就叫菩薩。

【問題】

一、佛教的立腳點在什麼地方？

二、生、老、病、死的苦痛，有解除的方法嗎？

三、因果是誰造誰受？

四、怎樣叫聲聞？

五、怎樣叫緣覺？

六、菩薩是怎樣修成的？

第五章　釋迦滅度以後弟子結集遺教

第一節　第一次結集

釋迦在世說法四十九年，都是以身作則，拿他的修證功夫，隨時指導徒眾，從沒有寫出一言一句的文字。到釋迦滅度以後，大迦葉代佛統率大眾，有一癡比丘說道：「釋迦在世時候，常常要拿戒律來約束我們，說某事應該做的、某事不應該做的，我們極不自由，今後可以為所欲為了。」這句話被大迦葉聽見了，以為釋迦滅後，不可不拿他老人家的遺教製為成典，庶幾可永遠做教徒的指導。於是就在佛滅後的第四月安居期內，選學德並高的比丘五百人，到王舍城附近的畢波羅窟裡面，從事第一次的結集。

王舍城是摩揭陀國的首都，這國度裡的阿闍世王，本來是佛教的信徒，聽見這事，大為贊成，供給他們一切飲食臥具等，予以種種的便利。因此這五百人，得以安心從事結集工作，經過七個月，這事方才完畢。

經藏和律藏的結集

結集的本意，實在就是會誦。為的是佛滅以後，恐有異見邪說，混亂佛法，所以結合有學有德的比丘，各自背誦釋迦佛在世時所說的法，經過大家討論決定，然後集成為經典，所以叫結集。

當時結集的儀式很嚴重，大迦葉升坐上座。因為阿難陀在佛門中，素有博學多聞的盛名，由他誦出經藏。上座對他誦出的文句，發為種種問難，阿難陀一一回答，詳記這經，佛在什麼時候、什麼地方、對於什麼人所說的，並且佛說這法的時候，隨從的徒眾有多少，也一一記出。大家聽了，公認為沒有錯誤，然後定為佛說。

其次優波離[17]在佛門中，以嚴守戒律著名，由他誦出律藏。上座對他誦出的文句，也一一發問，他也一一回答，和阿難陀一樣。大家聽了，公認為沒有錯誤，然後定為佛制。

對於這第一次結集，後人有種種異說。大都以為既有兩人一誦出經藏，一

17 優波離，佛陀十大弟子之一，又有優婆離、鄔波離、憂波利等多種譯名。意譯則為近執、近取。優波離原為宮廷理髮師，出身首陀羅種（印度四姓中最低的奴隸階級，從事擔死人、除糞、畜養雞豬、捕獵、屠殺、沽酒、兵伍等卑賤之職，備受壓迫，並受傳統婆羅門教輕蔑為無來生之賤民），佛陀成道第六年，王子跋提、阿那律、阿難等七人出家時，優波離亦隨同出家。此為佛陀廣開門戶、四姓平等攝化之第一步。優波離精於戒律，修持嚴謹，譽為「持律第一」（《佛光大辭典》）。

誦出律藏，那麼一定還有論藏，這論藏是誰誦的呢？於是有的說是迦葉自己誦的，有的說是阿難陀誦的。

其實經、律、論三藏的名稱，是後人所加。經是實際修行的法門，律是止惡修善的規律，論是對佛教的解釋研究。當第一次結集佛教的時候，當然只有法（經藏）和律（律藏），至於解釋研究，一定出於後人的手，因而有三藏的名稱。所以當時未必有論藏，實是毫無疑義的。

四阿含經及其內容

阿難誦出的是什麼經呢？大概就是今日所傳的四種《阿含經》。阿含是梵音，譯為無比法，就是說沒有可以比類的妙法。四阿含的名詞列於下：一、《長阿含經》；二、《中阿含經》；三、《增一阿含經》；四、《雜阿含經》。

這四種經是釋迦初成道的時候所說。長阿含是破斥婆羅門教的邪見；增一阿含是說明人們修世間的種種善事造下了善因，來世能投生人道或天道而受善的報果；中阿含是進一步說人們能修出世間的善因，來世就能超出生死大海，而得涅槃妙果；雜阿含是說明世間的禪定（禪定有世間禪、出世間禪的分別。佛教的禪定，是出世間禪）和佛教涅槃有關係的。

《八十誦律》為戒律的根本

優波離誦出的是什麼律呢？就是《八十誦律》。因為他在九十日的中間，每日升座誦一次，逐日誦出幾多戒條，經過八十次而完畢，所以名《八十誦律》，是為佛門一切戒律的根本。

後人從這根本律，推演而成《四分律》、《五分律》等。這些律本流行，《八十誦律》就不復存在了。

第二節　第二次結集

戒律的十條爭議

釋迦滅度後一百餘年，有毘舍離城七百比丘結集，通常稱為「第二次結集」。這次結集，和前面第一次、後面第三、四次的結集，性質全然不同，單為戒律上的十條爭議，四方聖眾會合在毘舍離城裁判這事。與會的人數有七百，所以也稱「七百集法」。

毘舍離城的北方，有跋耆城，這兩城中的僧侶，往往違背佛的戒律，於每月八日、十四日、十五日，盛水滿鉢中，持向人多的地方，指鉢水對眾說道：「有投錢這水中的人，可得到吉祥。」經過的白衣男女，有聽信這話而投錢的，也有怪出家人不應貪取金錢的。這時有長老耶舍巡遊至此，以為佛的戒律，出家人不應受蓄金錢，如今兩城比丘公然違背，大不以為然，因向在家出家兩眾雙方勸告道：「出家人應遵守佛戒，不該受蓄金錢。在家人也應遵守佛戒，不可拿金錢布施，否則受的人、施的人，都有罪過。」

多數僧侶，不但不肯聽耶舍的話，反怨恨耶舍，在俗人[18]面前，誹謗出家人。並且彼等違背戒律，尚不止這一事，總計有十種非法行為，今依五分律舉其名稱如下：

一、鹽薑合共宿淨；

二、兩指抄食淨；

三、復坐食淨；

四、越聚落食淨；

五、酥油蜜石蜜和酪淨；

六、飲闍樓伽酒淨；

七、作坐具隨意大小淨；

八、習先所習淨；

九、求聽淨；

18 此處「俗人」，是指未出家之人。

十、受蓄金銀錢淨。

淨字是「清淨」的意思。上面十事，依照佛的戒律，是不清淨、不應該做的。但毘舍離和跋耆兩城的比丘，他們以為是清淨，可以行的。

照佛戒，比丘托鉢求食以維持生命，倘若所乞的食，不能吃完，有所剩餘，就應該轉施他人，不應貯食過夜，是名「餘食法」。如今這班比丘，以為拿鹽和薑合共的食物，就可留宿至明天再食，叫鹽薑合共宿淨。這為非法的第一件事。

佛的戒律，過午刻就不許進食，是謂非時食戒。這班比丘，以為剛剛過午，日影偏斜，僅到兩指並列的長度，還是可以吃的，叫兩指抄食淨。指抄就是指尖的意義。這為非法的第二件事。

佛戒，一次吃後，不得再吃第二次。這班比丘，以為再坐下去吃一次也是不妨，叫做復坐食淨。這是非法的第三件事。

佛戒，吃過飯以後，或出外到村落地方，大眾又來供食，就應該照餘食法轉施他人。這班比丘，以為人家既然供食，不妨再吃，叫做越聚落食淨。這是非法的第四件事。

乾結的牛奶油，叫酥油蜜，白沙糖凝結成塊如石的，叫石蜜。午後食物，即犯非時食戒，這班比丘以為拿酥油蜜、石蜜，和入乾牛奶（酪）做飲料，是飲而不是食，不算犯戒，叫酥油蜜石蜜和酪淨。其實酥油軟酪，明明是食物。這是非法的第五件事。

佛戒，不許飲酒。這班比丘，以為釀而未熟的酒可以飲用，不算犯戒，叫做飲闍樓伽酒淨。闍樓伽是梵音，就是酒釀。明明是酒，哪裡可算不犯戒呢？這是非法的第六件事。

佛制，製作座具，大小有一定的尺寸。這班比丘，以為何必限定尺寸，可隨我們的意思製作座具，叫做作座具隨意大小淨。這是非法的第七件事。

佛制，既出家後，應該捨棄從前在家時候所學習的事。這班比丘，以為在家時候已經學習過的事，不妨再做，叫做習先所習淨。這是非法的第八件事。

佛制，凡一切儀式作法，當隨僧眾全體共同行之。這班比丘，以為不妨在另一地方單獨行這儀式，然後請求僧眾的允許，叫做求聽淨。這是非法的第九件事。

佛制，不許受蓄金錢。這班比丘，以為不妨受蓄，叫做受蓄金錢淨。這是非法的第十件事。

耶舍眼見這班比丘違法，於佛教前途關係甚大，於是奔走西方各地，歷訪當時的大德，同赴毘舍離城，以裁判這十事的是非。毘舍離、跋耆兩城的僧侶，也結合同黨以相抵抗，於是分為東、西兩黨。西黨是耶舍一方面的長者，東黨是兩城的僧侶，兩黨各舉代表四人，開會討論，結果斷定這十事為非法，以為東黨的行為違背佛制，應加擯斥。然東黨多少年進取一派，人數較眾，於是別成一團體，得名為「大眾部」；西黨承佛的正統，其中多是高年碩德，得名為「上座部」。這是第二次結集的情形，也是根本佛教分裂為兩派的開始。

第三節　第三次結集

阿育王時佛教的隆盛

釋迦滅度後二百餘年，中印度有統一全印、武功文治震耀一世的阿育王出世（西元前二六四～二二六年在位）。他對於佛教異常信仰，不但保護本土的佛教，並且派遣傳教徒，到別國去宣揚正法，所以佛教到阿育王時代隆盛無比。

阿育王因信佛的原故，對於佛教徒的供養十分豐富。一般外道，形勢窮促，衣食不得周全，於是改換僧服混進佛教徒裡面，一方可以得到衣食，一方暗中仍舊拿外道的教義，運用於破壞工作，於是佛教乃陷入混亂狀態。

王在摩揭陀國所造的雞園大寺中，僧侶最多，因內道外道兩派在裡面紛爭，彼此不和，致使最重要的說戒儀式也不能舉行。這儀式停止有七個年頭的長久，太不像樣了。王聽見了，大不以為然，便想辨別邪正，淘汰這班外道，於是發起第三次的結集。

《善見律．卷二》載這一段故事云：

王白諸大德，願大德布薩（這是梵語。佛制，每半個月逢十五日，或月小二十九日、月大三十日，召集眾僧說戒經，叫做「布薩」）說戒。王遣人防衛眾僧，王還入城。王去以後，眾僧即集眾六萬比丘，於集眾中，目犍連子帝須[19]為上座，能破外道邪見徒眾。眾中選擇知三藏、得三達智（三達智，指「天眼通」、「宿命通」、「漏盡通」而言。天眼通能曉得未來的生死因果，宿命通能曉得過去的生死因果，漏盡通能斷盡現在的煩惱。三種智慧到得究竟，叫做三達智）者一千比丘，一切佛法中清淨無垢，第三集法藏，九月日竟，名為第三集。

看這段文字，就知道阿育王發起第三次結集，他的最大目的，是要淘汰這許多外道，教佛法回復從前的清淨，不致混亂。王一面遣人防衛眾僧，一面請眾

19 目犍連子帝須，單稱帝須，為印度阿育王時代人。十六歲即拜沙門私伽婆為沙彌，後依旃陀跋闍受具足戒，精通三藏。並得私伽婆付法，護持律藏，證得阿羅漢果。後為阿育王的老師，以佛法教化人民。（《佛光大辭典》）。

僧所佩服的目犍連子帝須出來，主持這件大事（上座）。又就眾僧中間，選擇知見純正、能破外道邪見的人，這等人並且還要通曉經、律、論三藏，得過三種神通的，其數目多至一千比丘，在波吒利弗城做第三次結集工作，經過九個月，方才完畢。聚集這等學德兼備的人，來整理經典，自然比較第一、第二兩次結集更為完美，所以經、律、論三藏，到這次方才完備的。

這次不但結集經典，並做傳教的工作。所以結集既畢，就於諸長老中選擇多人，派至四方做宣教師。這等宣教師，足跡遍於五印度，並且遠至錫蘭、緬甸。到如今錫蘭等地方，佛教還是盛行，都是阿育王開創的功勞。

第四節　第四次結集

迦膩色迦王的提倡佛教

當西元第二世紀時候，有大月氏種族的迦膩色迦王（西元一二五～一五〇年在位），率兵從西方侵入印度，並且吞滅四鄰，建立犍馱羅王國，文治武功，和從前的阿育王不相上下。王的兵力強盛，更進攻東印度，威脅文明中心的摩揭陀國。

這國度裡的國王，自知力量不敵，就供獻佛鉢和馬鳴菩薩，要求講和。佛鉢，就是釋迦在世時所用的鉢，佛教徒尊它為至寶，凡傳得這鉢的，就為傳佛正統的證據；馬鳴菩薩，是中印度的大師，道高德重，眾望所歸。這一種寶物和一個高人，都是迦膩色迦王極希望得到的，所以兩方和約就此成功。

王對於佛教，既非常熱心，然這時距釋迦滅度已四百多年，學者中間各自傳述的學說，極其紛歧，莫衷一是。王在政事餘暇，每日請一僧進宮說法，然各僧所說的話，人人不同。王十分疑惑，因向脅尊者（梵名波栗濕縛）請問：「究竟孰是孰非？」尊者答云：「釋迦滅度至今，歲月遙遠，各宗師弟相承，各守自家宗派，實在無從定他們的是非。要在王喜歡哪一宗，就趁這時，依照自己的宗，來結集三藏。」

王以他說為然，因此發起第四次的結集。精選學德並高的僧侶，先得四百九十九人，最後得到世友（梵名婆須蜜）尊者以為上座。王因迦濕彌羅國（舊稱罽賓）[20]四圍都是山，物產又豐富，足以供養僧眾，於是王親領五百人到這地方，建立寺廟，使這五百人在其中做結集的工作。

這次結集，是以解釋三藏為主旨。所釋的經藏、律藏、論藏，各有十萬頌（印度文體，往往用三字句、四字句、五字句、六字句、七字句的韻語，以便記誦。凡滿四句即叫一頌），總計三十萬頌，合有九百六十萬言。如今流傳的《大毘婆沙論》，就是這次結集時所做的。

結集既完，王就取赤銅椎鍊成片，以為鍱[21]，拿這論文鏤刻在上面，再用石

20 罽賓，漢朝時西域國名，位於印度北部，約今日喀什米爾一帶。為迦濕彌羅國之古稱。此國名自古即見於我國正史、佛典中，但依照時間不同，所指的位置也有所差異。

21 以金屬鍊製成薄如葉者。

函緘封，造一寶塔，將石函藏在中間，不令流傳於外國。如要習這論的人，當來這地求學，方許受業。

第四次結集的兩點不同

這次結集，和從前結集，有兩點不同：

一、脅尊者是小乘說一切有部（小乘分裂有二十部，詳後，這是一部的名稱）的學者，迦膩色迦王也是信仰有部的人，所以這次結集，是用有部的學風來整理三藏，剋實[22]說來，是有部一宗的結集。

二、這時結集，重在解釋三藏的義理，和從前專門搜集佛的遺教，也是不同。

22 剋實，又作「克實」，意即得實義、取實體。

第五節　大乘經典的結集

大乘經典的由來

以上所說四次結集，都是小乘經典。至於大乘經典的結集，傳說種種不同，沒有真確的史料可供考證，因此後世就有大乘經不是佛說的議論。

其實大乘教的發展，是思想演進的自然趨勢，絕不能說它不是佛說。怎麼講呢？大凡一種宗教，或一種學說，流傳既久，中間自然要分出保守和進步兩派。當第二次結集時，為十事非法的爭論，就可以看出當時年德俱高的長老，要墨守佛在世時所定的戒律，以為稍有違異，就是非法；至於青年進取的毘舍離、跋耆兩城比丘，就以為稍微變通，沒有妨礙，結果就脫離這般保守派，而自成一團體，邇時就分裂為上座、大眾兩部。從這以後，進取派不但是戒律上有所變通，學理上也有討論研究。

隨著時勢進步，當西元第二世紀時，向來為佛教壓倒的婆羅門教，從學理上進展，重復振興。至第四世紀時，彼教有組織的教義，就此大成，墨守嚴肅戒律的小乘教，不足和它為敵，這時由大眾部演進的大乘教，也就因此勃興。

蓋釋迦在世說法時，本無所謂小、大乘的分別，大乘的教義，早已包含在內。大眾部分裂後，百餘年中，思想漸漸進展，和婆羅門教一經接觸，受了時代的影響，大乘教就此成熟，那是自然的結果，不足為奇的。

至於大乘經典的結集，雖然沒有歷史的證據；然經論中，卻有數處，可以引為佐證的。《菩薩處胎經．出經品》云：「爾時佛取滅度，已經七日七夜，時大迦葉告五百阿羅漢。打犍椎（即是鐘）集眾得八億四千羅漢，使阿難升七寶高座。迦葉告阿難言：『佛所說法一言一字，汝慎勿使有缺漏。菩薩藏者集著一處，聲聞藏者亦集著一處，戒律藏者亦集著一處。』」這經中所說菩薩藏，就是大乘經；聲聞藏，就是小乘經。照此看來是，第一次結集，早有大乘經典了。

又《大智度論．卷一百》有云：「佛般（入也）涅槃後，阿難共大迦葉結集三藏。……有人言，如摩訶（大也）迦葉，將諸比丘，在耆闍崛山中集三藏，佛滅度後，文殊師利、彌勒諸大菩薩，亦將阿難集是摩訶衍。」這段文字，前段說阿難共大迦葉，結集三藏，和《處胎經》所說相同。後段復引一說，那是文殊、彌勒等和阿難專門結集大乘經的。

摩訶梵音譯為大，衍字譯為乘，是明明大乘經典，在佛滅度後早就結集，而且不止一次。有時阿難和大迦葉合作，是兼集三藏；有時阿難和文殊、彌勒合作，是專集大乘經的。

第六節　祕密經典的結集

顯教、密教的分別

佛教有顯教、密教兩大部分。相傳顯教用顯露的言語文字，是釋迦牟尼佛所說；密教用祕密的咒語，是大日如來所說。這項祕密經典，是什麼時候、什麼人所結集？也沒有確實史料可以證明。有的說是阿難結集，有的說是金剛手菩薩（即金剛薩埵）[23]結集。《大乘理趣六波羅蜜多經．卷一》有云：

復次慈氏（即彌勒），云何名為第三法寶？所謂過去無量殑伽沙（殑讀「琴」，去聲。殑伽即恆河，殑伽沙，即恆河中的沙，喻數目的多），諸佛世尊所說正法，我今亦當作如是說，所謂八萬四千諸法妙蘊，……攝為五分：一素呾纜（即經藏），二毘奈耶（即律藏），三阿毘達磨（即論藏），四般若波羅蜜多（般若譯為智慧，波羅譯為彼岸，蜜多譯為度。這是說用真實智慧，

23 金剛手菩薩，金剛薩埵，又名普賢。

超脫生死大海，達到彼岸的意思。凡般若諸經都說這理），五陀羅尼門（陀羅尼，譯為總持，即密教所持的咒語）。此五種藏，教化有情（指有生命的眾生），隨所應度而為說之（隨眾生的程度高下，於五藏中應該用何種法，就替他說何種法）……復次慈氏，我滅度後，令阿難陀受持所說素呾纜藏，其鄔波離（就是誦出戒律的優波離）受持所說毘奈耶藏，迦多衍那（就是迦旃延）受持所說阿毘達磨藏，曼殊室利（就是文殊師利）受持所說大乘般若波羅蜜多，其金剛手菩薩（密教中手執金剛杖的菩薩）受持所說甚深微妙諸總持門。

看上面的經文，可知釋迦在世的時候，早和彌勒菩薩說及過去世無量數諸佛所說的正法，數目多到八萬四千，大概包括起來，可分做五部分。這五部分，就叫「五種藏」。就眾生的程度，應該用哪一種，就用哪種來替他們說。並且釋迦在世時，早就在他的弟子中間，選擇哪人能明瞭佛所說的哪種藏，就叫他受持（受持是受之於佛，誦持不忘的意思）。預備佛滅度後，叫他們如法誦出。如阿難以多聞著名，就受持經藏；優波離以守戒著名，就受持律藏。第一次結集時，就是他們兩人分別誦出經律二藏的。迦多衍那在佛門中以論議著名，就受持論藏；曼殊室利在佛門中以智慧著名，就受持大乘般若。金剛手是傳受密教的，就受持諸總持門。可見祕密經典，當和金剛手菩薩有關係，未必和阿難有關係，但是結集的時代和結集地方，那是無從查考的了。

【問題】

一、什麼叫經藏、律藏？
二、四阿含經的內容如何？
三、什麼是戒律的根本？
四、第二次結集的性質如何？
五、根本佛教如何分裂為二部？
六、第三次結集的內容如何？

七、經、律、論三藏什麼時候方完備？
八、第四次結集的內容如何？
九、大乘教怎樣演成？
十、密教和顯教不同的地方？
十一、結集密教是何人？

第六章　佛教在印度的盛衰

第一節　小乘佛教的分裂

「根本分裂」與「枝末分裂」

釋迦滅後百餘年，第二次結集的時候，佛教徒已分保守、進取兩派。保守派叫上座部，進取派叫大眾部，前文已經說過。

等到釋迦滅後兩百餘年，當阿育王時，有高僧大天（梵語摩訶提婆）出世，對於自來戒律的嚴肅主義、教義的墨守主義，以為和時代不相容，應該提倡自由寬大的學風，於是倡種種異說，自為新派的領袖，舊派各僧，大不謂然。兩派從此在雞園寺（阿育王所建）鬥爭不息。阿育王親往雞園替他們調和，然而兩派各持己見，不肯相下，王也沒有辦法。大天就說道：「戒經中所載滅諍的方法，應該依多數人的意見。」

當時舊派的僧徒，年高者多而人數卻少，大天的僧徒，年高者少而人數特多。王就依大天的說話取決，新派當然佔勝利，從此上座大眾就顯然分做兩部（以上節錄《大毘婆沙論・一九八卷》）。這是佛教最初的分派，叫做「根本分裂」。

佛教既分裂為兩部，然這兩部中間，解釋教義方面，意見又各有不同，於是分派中又復分派，分出的數目竟多到二十部，也是奇觀。這叫做「枝末分裂」。今列表在下面：

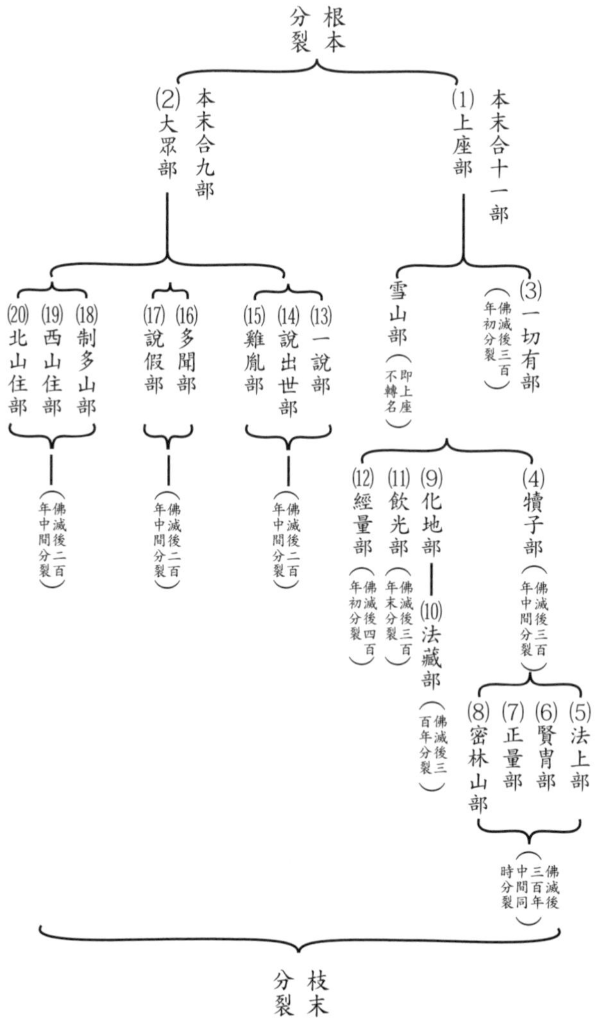

以上分部的名稱，有因所標的教義而得名的，如說一切有、一說、說出世等部是；有因倡立的人而得名的，如化地、法藏、飲光等部是；有因住處而得名的，如雪山、西山住、北山住等部是。

第二節　大乘佛教的發展

「主智的大乘教」和「主情的大乘教」

當西元第四世紀的時候，婆羅門的重興機會成熟，它的哲學思想，非常豐富。佛教徒則自進取的大眾部成立以來，思想隨時代而進展，早已含有大乘的分子；到這時和婆羅門教接觸，就樹起大乘教的旗幟，與之對抗。大眾部的根據地，在印度的南部，故主張思辨、專重自力修行的大乘教，也發源在這地，這可稱為「主智的大乘教」；又一方面，印度北方和波斯、希臘諸國交通，受回、耶兩教的影響，所以又有主張禮拜祈禱、倚靠他力修行的大乘教，在這地發生，這可謂「主情的大乘教」。

「大」字是範圍廣大的意思，「乘」字是運載的意思。就是說運載眾生，度脫生死苦海。它的教義和修行的因果，都比小乘來得大些。

馬鳴菩薩最初發表大乘思想

最初發表大乘思想的人，當推西元第一世紀時的馬鳴菩薩（梵音阿濕縛窶沙）[24]。彼曾著《大乘起信論》。這部論後世有疑為中國人所偽造的，異論紛紛，到如今沒有決定，我們可不必過問，但是第一提倡大乘教的人，卻就是他。

他本來在中天竺摩揭陀國，弘通佛法，後來迦膩色迦王，領兵來伐這國時，就攜馬鳴俱歸。他的辯才說法，不但能夠感動人類，就是白馬聽了也要悲鳴，所以號為「馬鳴菩薩」。

《摩訶摩耶經卷．下》云：「佛涅槃後，六百歲已，九十六種諸外道等，邪見競興，破滅佛法，有一比丘，名曰馬鳴，善說法要，降伏一切諸外道輩。」這也是說馬鳴能夠降伏一切外道，重興佛教的事實。

龍樹菩薩完成大乘教

然而馬鳴不過是提倡大乘的第一人。爾時大乘還未能自成一系統，至於有組織的大乘教，是在西元第二世紀龍樹菩薩（梵語那伽阿周陀那）出世，方才完全成立的。龍樹生在南印度婆羅門家，自幼於婆羅門的經典無所不通；及長，更通天文地理及一切技藝。後來皈依佛法出家，數月之中，盡誦三藏。復到雪山，遇著一個老比丘，授以大乘經典。照《付法藏傳．卷五》所說：「迦毘摩羅初為外道，屈服於馬鳴的談論，就做他的弟子，在南印度佈法，後來付法於龍樹。」這個老比丘，或者就是迦毘摩羅[25]，那麼龍樹是馬鳴的再傳弟子了[26]。龍樹既得大乘經典，自己思量著，佛經這樣精妙，其中未發明的道理很多，於是有革新佛教的志願。後來更做許多大乘論，最著名的就是《中論》。從此彼在南印度，竭力宣揚大乘教義。

24 馬鳴（西元一〇〇～一六〇年），佛滅後六百年出世之大乘論師名。其出身於婆羅門家族，原為外道沙門，智慧淵博、聰慧善辯，因與北天竺的脅尊者對論，深有所感而改皈依佛門。馬鳴同時為古典期梵語文學之先驅者，開優美文體文學之先河，將佛陀生平以梵文撰寫成序事詩《佛所行贊》等詩作。

破邪顯正

龍樹的大乘教義，就在「破邪」、「顯正」兩方面。他最為盡力的是破邪，因為當時印度所行的婆羅門教，各持一種哲理，甲立論，乙反駁，是非紛紛，莫能一定。龍樹則以為，真理不是我們有限的知識所能確認，倘若拿有限的相對知識，去討論無限的絕對真境，無論說得怎樣精妙，總是妄想。故大乘的唯一手段，要在先除去自己的妄想，妄想除掉，真理自然顯現。

經龍樹這樣一喝，當時所流行的宗教哲學，一掃而空，這是他的破邪手段。妄想既除，真理自現，所以破邪，也就是顯正。於此，可分三層說明：

第一，客觀世界的現象，全屬虛妄的幻影，了無實在。我們只要看宇宙萬象，無一不是生生滅滅，變幻無常的，就可證明這理。

第二，和這客觀世界相對的，就是主觀的心象。這心象也是前念去，後念來，念念生滅不已，全屬妄想。世人偏要用自己的妄想，去分別客觀的現象，孰為彼？孰為此？這不過是虛妄中更添虛妄，和夢中說夢沒有兩樣。

25 迦毘摩羅，羅漢名，為付法藏第十三祖。為摩揭陀國人，初為外道，有三千弟子，因屈服於馬鳴之談論，而皈依為其弟子，於南天竺大興教化，作「無我論」一百偈。

26 龍樹，菩薩名，音譯那伽曷樹那、那伽閼剌樹那、那伽阿周陀那。為印度大乘派中觀學派創始人，因以龍成道，故字曰龍，又有龍猛、龍勝等名。西元二、三世紀，出生於南天竺，為婆羅門種性出身，傳說與三友人同修隱身之術，遂隱身至王宮欺凌女子。因事跡敗露，友人皆為王所斬，僅龍樹一人倖免。以此緣故，感悟愛欲乃眾苦之本，即入山詣佛塔，並出家受戒。出家後廣習三藏，復至雪山，遇一老比丘，授以大乘經典。（《佛光大辭典》）

第三，既知道主觀的心象、客觀的現象，都是空的，了無實在，惟有自己除去妄念妄想，方能夠超出有限的分別，認識無限的真理，達到和宇宙實體冥然符合的境界。所以龍樹的顯正方面，是先明「客觀的空」，次明「主觀的空」，後歸到「一切皆空」。這空境正是離開妄念的境界，不是完全沒有，正如雲散而見無限的天空相彷彿。

現象界的空和絕對界的空

總之，龍樹所說的空，有兩種意義：一是現象界的空，是說妄念妄想的主觀，和虛妄顯現的客觀，全是幻影，空無所有；二是絕對界的空，是說超越我們思慮以上，不可拿言語說明，也不可拿文字寫出的真實境界，因為是不可思慮，不可言說的，姑且也叫做空。這是和現象界的了無所有的空，意義全別。這絕對的真境，佛家名為「真如」，真者是不偽的意思，如者是不動的意思。

龍樹傳祕密佛教

龍樹不但創立大乘的顯教，並且從南印度鐵塔裡面見金剛薩埵[27]，親受密教的《大日經》，為後世祕密教[28]的祖師。所以龍樹一人實兼立顯、密兩種大乘教。後世推為釋迦以後大乘佛教的祖師，諒非無故。

無著世親的有宗大乘

當西元第四世紀時候，龍樹的空宗大乘教，一轉而為無著（梵名阿僧伽）、世親（梵名婆藪槃豆）兄弟二人的有宗大乘教。無著是犍陀羅國人，佛滅度後一千年中出世，初從小乘出家，後信大乘。他的兄弟叫世親，起初也從小乘出家，博通小乘經典，替眾人講說，隨講隨寫，做成一部《俱舍論》。

他的兄無著示以大乘的道理，世親追悔從前的錯誤，要割斷自己的舌頭，以謝他從前宣揚小乘、誹謗大乘的罪過。無著對他說：「汝既然用舌頭誹謗大乘，不如更用這舌頭讚揚大乘，何必要割斷呢？」於是世親更做《唯識論》等許多大乘論，弘宣大教（以上見《婆藪槃豆傳》）。

空無相說和一切唯心說

龍樹《中論》的空無相說，和世親《唯識論》的一切唯心說，驟然看來，似乎立於反對的地位，實則並不衝突，不過各就一方面，詳為說明而已。

龍樹所說的，是說客觀的世界，和主觀的心象，都是我們妄想所現的影，倘能掃除這等妄想，那麼真實的妙理（真如），自然顯露出來。這真如是精神的本體，真真實實存在的，不變不動的。無著、世親的《唯識論》，就是說明這絕對不動的精神本體，既然超越於一切，何故會現出這山河大地的客觀境界，和妄想分別的主觀心象呢？窮究它的緣起，方知道阿賴耶識（譯為藏識，謂能含藏一切）是心的根本，一方面現出我們的身心，一方面現出山河大地，並且統貫過去、現在、未來三世，做生死輪迴的主人翁。這種學說，叫「賴耶緣起

27 金剛薩埵，指密教傳法之第二祖。金剛薩埵親蒙大日如來教化後，傳持密乘，集結《大日經》、《金剛頂經》各十萬頌，納於南天竺的鐵塔。

28 即密宗。

論」，也就是唯識論。可知有宗大乘教，不過就龍樹未曾詳說的緣起方面，特別加以發揮罷了。

大乘的空、有兩大派

然而到了後來，印度的大乘教就分成空、有兩大派。這兩大潮流愈演愈甚，就起空有的爭論，經過數百年而不息。就是傳到中國後，這空有兩派，到如今還要爭執的。

第三節　大小兩乘的分別

釋迦在世說法時，對大根器的人，就說比較高深的教理；對小根器的人，就說比較淺近的教理，本沒有大小乘的分別。

就是釋迦滅度後，弟子結集小乘經典，也時時有大乘的名字見於經中。後來雖有大小二乘的分別，不過指教理的淺深，並未含有褒大貶小的意味在內。直到馬鳴、龍樹專門提倡以後，方有看輕小乘的學風。如今且將大小乘的分別，略舉如左：

一、小乘教解釋宇宙萬有的差別，只限於生滅的現象論；大乘教則於差別的現象以外，說明不生不滅的平等真如，能達到本體論。

二、小乘教偏於多苦的人生觀；大乘教唯從多苦觀入手，能更進一步，到達解脫自在的人生觀。

三、小乘教人心量較狹，急於度脫自己生死的苦，沒有工夫兼度他人；大乘教人心量較廣，抱有自利利他的圓滿理想，並且以利他為主。

四、小乘教的解脫為消極的，但求離開現在虛妄的苦果，證到空空寂寂的真境，拿這個境的涅槃，做它的終局理想；大乘的解脫為積極的，知道我們的煩惱，本來是空，苦果自然脫離，修成常樂我淨的四德（常是不變，樂是不苦，我是真我，淨是不染），拿活動的佛陀，做最後的目的。

以上是大小乘分別的概要：一是世界觀，二是人生觀，三是修行，四是證果。

第四節　印度佛教的衰頹

釋迦創立理智的佛教，一切平等，打破印度四姓的階級，壓服婆羅門的舊教，風靡一世，勢力的隆盛，可想而知。釋迦滅度後，教外先有阿育王、後有迦膩色迦王的提倡保護，教內有馬鳴、龍樹、無著、世親許多高僧，接踵而起。佛教勢力不但普及全印度，並且推行到別國，遺澤的傳流，有一千五六百年的長久，真可說是盛極了。

佛教的兩大時期

印度的佛教，大概可分做兩大時期：從釋迦滅度後，至西元二世紀龍樹出世時為止，可算是小乘教隆盛的時期；從龍樹以後至第八世紀，可算是大乘教隆盛的時期。

這不過是大概的區分，實際上龍樹以前，並非沒有大乘教。看龍樹所著的書中，多有引用大乘經典的地方，可以想見。又龍樹以後，並非沒有小乘教，看龍樹、無著、世親所著的書，其中多有破斥小乘、替大乘辯護的地方，可以知道。況且無著、世親兩人起先都從小乘出家，可見當時小乘也極其流行的。

佛教衰頹的原因

大凡宗教或哲學，有盛就必有衰，佛教也不能逃出這個公例。佛教的勢力，至第七世紀到達了極點，至第八世紀，就漸漸衰頹了。它的衰頹原因，固然不止一種，然最大的就是婆羅門教的復興。

婆羅門教，在印度有最遠最深的勢力，一旦被佛教所壓倒，彼教中人，哪裡能夠甘心，於是將他們教規裡不合潮流的地方，漸漸改良。他們的教義本來幽深，再加以哲學的研究，漸漸進展，所以到第四紀時，婆羅門教已經有復興的氣象。偏偏佛教徒中，也有大乘教崛起，足足和它對抗，相持又有幾百年。

然到了第八世紀時，彼教中出了一個大人物，叫商羯羅阿闍梨。這人生在南印度，於婆羅門的哲學有極深的研究，並且拿許多的古代哲學書加以註釋，又採用佛教的哲理，主張印度哲學的正教名曰印度教。他親自遊歷四方，或派他們的弟子到全印度，傳佈自己的教義，以打倒佛教為目的。這時佛教徒中，剛好沒有傑出的人可和他對敵，遂不得不被他屈服。

到了第十二世紀，回教徒又侵入印度，灌輸他們的教義，勢力也是不小，佛教更受打擊，在印度中原幾乎絕跡了。

然而宗教本來沒有國家界限，所以佛教在印度本國雖然衰頹，它從印度南北兩方的進展，反有特別發達的現象。南進則傳播於錫蘭、緬甸、爪哇[29]、暹羅[30]、安南[31]等國，成為南方佛教；北進則傳入西域諸國以至中國、西藏、朝鮮、日本，成為北方佛教。這南北兩方的佛教，界線分明，就是南方所傳的完全是小乘教；北方所傳的，雖間有小乘經典，但大部分是大乘教。

【問題】

一、佛教最初分裂為幾部？
二、怎麼叫根本分裂、枝末分裂？
三、主智的大乘教、主情的大乘教意義如何？
四、馬鳴、龍樹和大乘教的關係？
五、怎樣叫破邪顯正？
六、空的意義如何？
七、祕密佛教的傳受是何人？
八、無著、世親和大乘教的關係？
九、空無相說和一切唯心說的分別？
十、大乘的空、有兩大派如何？
十一、大小乘的分別有幾種？
十二、佛教兩大時期如何劃分？
十三、佛教何故衰頹？
十四、佛教向南北兩方何國進展？

29 今日印度尼西亞一帶。
30 今泰國。
31 今越南。

第七章　佛教傳入東方的狀況

第一節　佛教東傳的時期

東漢明帝遣使訪求佛法

歷史相傳，東漢明帝夜裡做夢，看見金人，身長一丈六尺，頭頂上有白光，從空中而來，飛行殿上。明帝醒後，召集群臣，占卜這夢。有傅毅回答道：「臣聞西域有神，其名曰佛，陛下所夢，將必是乎？」明帝聽了他的話，就派遣蔡愔、秦景等，到天竺（即印度）去訪求佛法，遇見了迦葉摩騰、竺法蘭兩僧，於永平十年（西元六十七年）同到洛陽。明帝極為欣喜，因而在洛陽城西門外，建立精舍，以處兩僧（以上見《高僧傳‧卷一》）。這是佛教傳到我國的史實。

摩騰、竺法蘭兩僧，都是中印度人。摩騰通曉大小乘經典，本以弘佈佛法為自己的任務。竺法蘭誦習經論，多至數萬章，印度學者尊之為師。他和摩騰志趣相同，所以不怕路遠，肯隨從蔡愔等到中國。佛教初次東來，信仰的人並不多，這兩僧也翻譯過幾部經典，如今傳流的只有《四十二章經》一卷。

歷史上雖然是這樣說，其實中國人知道佛教很早很早，絕不是等到東漢時代方才傳來。有的說在周朝末年已經有佛教，有的說秦始皇時已經有佛教……從各種書參考的結果，當以《魏書．釋老志》所說，最為可靠。

志云：「釋氏之學，聞於前漢。武帝元狩中，霍去病獲昆邪王及金人，率長丈餘，帝以為大神，列於甘泉宮，燒香禮拜，此則佛道流通之漸也。……及開西域，遣張騫使大夏，還云：『身毒有浮圖之教。』」看此段文字，最可憑信。武帝時，將軍霍去病打破北狄匈奴，捉到昆邪王，並得到他們崇奉的金人，大概長有一丈餘，這就是「丈六金身」的佛像。可知這時佛教，先已從西域流傳到匈奴地方了。後來武帝要削弱匈奴，所以開通西域，派張騫到大夏國（西域國名，今阿富汗的北部），約同西域諸國，夾擊匈奴。張騫回來，就知道大夏的南方有身毒（即印度。天竺、身毒都是異譯）國，國裡有浮圖的教。「浮圖」就是佛陀兩字的異譯。由此看來，佛教流傳到中國，的確在前漢初年，那是無可疑的。

但是佛教雖在前漢時已到中國，這時知道的人太少，並沒有什麼影響。就是東漢明帝時，摩騰、竺法蘭兩僧到後，雖然明帝替他們造僧寺，叫他們翻譯經典，當時信仰的人絕少，所以也沒有什麼大影響。我們只要拿歷史來細細一看，自從東漢明帝直到漢末桓帝時，八十年中間，無論正史和他種傳記，絕無一語涉及佛教，就可以知道。到桓帝建和二年（西元一四八年），有安世高到中國。這人是安息（古代波斯的王國）國王的太子，出家為僧，博通經典，到中國不久就通華語，翻譯經典甚多。又有支婁迦讖，是月支（西域國名，今新疆地方）國人，於靈帝光和、中平年間（西元一七八～一八九年）來洛陽，譯出經典也不少。這兩人到後，佛教在我國漸有勢力，我國信仰的人也漸漸多起來。這可見佛教到中國，能在宗教上佔一位置，確在東漢末年了。

第二節　歷代的譯經事業

佛教到中國後，自東漢起，直到宋朝一千數百年間，上自朝廷，下至佛教徒個人，大都努力於譯經事業；所以中國的經典，蔚為巨觀。如今要略述譯經狀況，可分四個時期來說明。

從漢末（西元三世紀初期）到西晉（四世紀初期）近百年間，西域諸國和天竺（即印度）僧徒，到中國佈教並翻譯經典的人，其數不下六十餘人。安世高從安息國來，譯出的經有九十多部；支婁迦讖從月支國來，譯出的經有二十多部。這兩人所譯的經，最足令我們注意的，就是安世高所譯，大都是小乘，支婁迦讖所譯，大都是大乘。所以可說到中國最初傳小乘教的，是安世高；最初傳大乘教的，是支婁迦讖。至於傳佈大乘教最著名的人，就是竺法護。其祖上本居月支，後代遷移到敦煌，世人就稱他為「敦煌菩薩」。法護通三十六種外國語，在晉武帝時（三世紀末）到中國，從事翻譯工作有四十多年。所譯的經，其數多至兩百部，可稱翻譯大家。

但是這幾百年中間，到中國的僧徒，不過於佈教的餘暇從事翻譯，朝廷也沒有加以保護，翻經也沒有一定地點，或者成書於旅行的時候，因此翻譯的體例，既不畫一，譯名也多混淆，所以稱為譯經的初期。

北方關中的佛教

到前秦苻堅時（四世紀初）有罽賓國僧伽跋澄、僧伽提婆兩人到關中，譯出小乘經典甚多，我國名僧道安曾幫助他們翻譯。所以小乘的傳譯，在前秦時獨盛。

後秦姚興時（五世紀初），有龜茲國人鳩摩羅什到長安，秦王姚興尊他為國師，禮遇甚優，《高僧傳．卷二》云：

自大法東被，始於漢明，涉歷魏晉，經論漸多，而支（支那）竺（天竺）

所出，多滯文格（扞格不通）義。與少崇三寶（佛、法、僧為三寶），銳志講集，什既至止，乃請入西明閣及逍遙園，譯出眾經。什既率多諳誦，轉能漢言，音譯流便。既覽舊經，義多紕（音批）繆（錯誤也），皆由先譯（從前人翻譯）失旨（失去本旨），不與梵本相應。於是與使沙門（梵語，是出家人的通稱，譯為勤息，勤修善道，止息惡行的意思），僧䂮（音略）、僧遷、法欽、道流、道恒、道標、僧叡、僧肇等八百餘人，諮（問也）受什旨。更令出大品（大般若經），什持梵本，與執舊經，以相讎（音酬）校（就是對校）其新文異舊者，義皆圓通；眾心愜伏，莫不欣讚。

看這段文字，有可注意的三點：

一、從漢明帝以來，經過魏、晉兩朝，譯出的經論雖多，但意義多錯誤，和梵文原本不相應。其病在通梵文的，未必通華文，通華文的，未必通梵文，以致譯文呆滯，譯義扞格。

二、從前譯經，多由西來僧人，於佈教的餘暇，自動翻譯，力量有限。這時是得後秦國王姚興的扶助，並且撥出王家的花園做譯場，幫助翻譯的僧眾，多至八百人。這種大規模的舉動，是從來所沒有的。

三、鳩摩羅什是曠世天才，於三藏既都能諳誦，並且善於中國語言文字，所以能融會兩國的言文，不必拘拘於直譯，而能為流暢的意譯，在我國翻譯上開一新記錄。他翻譯的《般若經》、《法華經》、《中論》、《百論》、《十二門論》等，多至三百數十卷，大都發揮龍樹的教系，為中國大乘空宗的開始。

南方廬山的佛教

這時南方廬山有高僧慧遠，結白蓮社，僧俗入社的有百二十三人，為東土提倡淨土的初祖。慧遠博通群經，和鳩摩羅什雖沒有見面，然極其推重，每有疑義，常用書函請問鳩摩羅什，鳩摩羅什也極佩服他。但是慧遠並不借政治力量的保護，全憑個人的力量，勤苦修行，尤極重戒律。慧遠於譯經事業，也十分盡力。佛馱跋陀羅[32]（罽賓國人），在長安不得志，慧遠迎接他到廬山，叫他譯

32 佛馱跋陀羅，即佛陀跋陀羅，又稱佛度跋陀羅、覺賢，為南北朝時期從印度來漢的僧人，族姓釋迦，為釋迦牟尼叔父甘露飯王之後裔。十七歲出家，後至長安，因受慧遠歡迎，留居廬山，其所翻譯《華嚴經》對中國佛學發展影響甚大。

出《達摩多羅禪經》，開中國禪門的先河；又譯出有名的《華嚴經》，為中國大乘有宗的開始，都是慧遠的力量。慧遠並且派遣弟子法淨、法領先後到西域去搜求經典。這時僧伽提婆也來廬山，譯出經典不少。

羅什、慧遠兩派的學風

這時候羅什在長安，為北方佛教的中心；慧遠在廬山，為南方佛教的中心。然兩派學風，則大不相同。羅什受帝王的供養，不拘拘於戒律，徒眾多至數千，聲勢煊赫，不可一世；慧遠卻完全相反，持律既非常嚴肅，更不喜親近權勢，風格高逸，國中樂於靜修的人，多願從他，學者也有數百人。當時人說長安佛教，如春花盛開，生氣勃發；廬山佛教，如深秋枯木，旨趣閑寂，可謂確評。這是南北兩派隱然對峙狀況，也是東土大乘教空有兩大潮流的發源，所以稱為譯經的第二時期。

南北朝譯經事業的興盛

南北朝（五世紀中至六世紀中）翻譯的事業，更加興盛。這裡著名的，宋有求那跋陀羅，梁有菩提流支，陳有真諦三藏（梵名拘那羅陀）。

求那跋陀羅，中天竺人，由小乘進大乘，博通三藏，於元嘉十二年（西元四三五年）從海道到廣州，宋太祖遣使迎接到京師，集合徒眾七百人，譯出大小乘經很多。《高僧傳・卷三》有云：「寶雲傳譯，慧觀執筆，往復諮析，妙得本旨。」寶雲、慧觀都是學問很好的高僧，有他們兩人，一傳譯，一執筆，並且和求那跋陀羅往返問難，剖析義理，所以譯出的經典，能妙得梵文本旨。

菩提流支，北天竺人，遍通三藏，志在弘法，從葱嶺[33]入中國，以魏宣武帝永平元年（西元五〇八年）來洛陽。魏帝使居於大寧寺，供養豐盛，寺中有七百梵僧，以流支做譯經的領袖。二十餘年間，譯出經論多至三十九部。

真諦三藏，西天竺人，以梁大同十二年（西元五四六年）來中國。武帝竭誠供養，本欲盛翻經教，適逢侯景作亂，未及舉行。國家多難，真諦流離遷徙，

33 即帕米爾高原。

不得安居，至陳宣帝時而病歿。然真諦雖度流離的生涯，而譯事未廢，從梁武末年，至陳宣初即位，二十三年中，譯出經論記傳多至六十四部。世親菩薩的教系，由真諦首先傳入中國。他所譯的《攝大乘論》、《唯識論》等就是。

求那跋陀羅、菩提流支兩人，都得帝王幫助；本來真諦也得梁武帝幫助，惜乎遭逢兵難，沒有一日的安寧，然其成績還這樣的偉大，倘得身遇承平，一定更有可觀。

這時期有可注意的特點，就是第一、二時期翻譯的經典原本，大概自西域傳來，或口傳，或寫本，都是西域文字譯成華文，已是重譯，就是偶然得到梵本，也已經過西域人的改竄。至於譯文，或是直譯，或是意譯，和梵文原本總有點違異，是不可免的。到這時期，原本多自印度得來，譯法也比較完備，所以稱為譯經的第三時期。

唐玄奘赴印度留學

到唐朝貞觀年間（七世紀中），有大師玄奘三藏出世。大師俗姓陳，十三歲出家，博學無方，凡是國裡的名師，個個都去請教過，於是深通三藏，名冠京都。

然大師以為諸師各有所宗，譯出的經典，也多有隱晦難通的地方，乃立志親往印度，以明其究竟。孑然一身，萬里長征，經過西域諸國，備嚐艱苦，方到印度。在印度留學十七年，經歷一百有十國，凡大小乘經論，沒有不學，獲得梵本經典六百五十七部，歸來獻於朝廷。世俗相傳的《西遊記》小說，就是寫唐三藏這段故事的。

唐太宗見玄奘得到這許多經典回來，就叫他在弘福寺從事翻譯。玄奘拿從前翻譯體例重加改正，一洗向來華梵扞格的毛病，在譯經上又開一新元。數十年中譯出經論，多至七十六部、一千三百四十七卷（以上見《大慈恩三藏法師傳》）。玄奘所傳，也是世親菩薩的教系，至此中國大乘有部，於是完成。

密教之傳入中國

到唐玄宗開元時（八世紀中），有中天竺僧善無畏（梵名戍婆揭羅僧訶），拿真言密教傳到中國。後來又有金剛智（梵名跋日羅菩提，中天竺人）、不空（梵名阿目佉跋折羅，北天竺人）師弟兩人，從海道到中國，傳佈密教，於是翻譯的密教經典，一時極盛。

到宋太祖時（九世紀中），曾派遣沙門三百人，往印度求梵本，此後印度及西域來中國的僧侶既多，從中國到印度去求法的人也不少，往來交通既便，翻譯事業自然更盛而更完美。到宋以後，國家不復加以提倡，譯經事業也就終止了。

這時期有可注意的兩點：

一、前三期的譯經，雖有本國人參加在內，然總是以梵僧為領袖，惟有這時期，是玄奘大師親自西遊歸來，主持譯事，是本國人獨立翻譯的開始。

二、從前三期內，雖有鳩摩羅什、真諦三藏等大匠輩出，然華文梵文的隔閡，終不得免；並且譯例也未能十分畫一。到這時，經玄奘改正後，這毛病方完全除去。所以通常也稱前三期所譯的經論為「舊譯」，玄奘以後所譯的經論為「新譯」。這是譯經的第四時期。

古代的譯經，異常慎重，要經過多數人的手，並不像現在的譯書，由一人獨譯，或兩人對譯，就算了事。並且所定的體例十分細密，形式更加莊嚴。如今拿《佛祖統紀·四十三卷》所載譯經儀式錄之於左：

於東堂面西，粉布聖壇（就是在東堂向西作一壇場，用粉畫界）；開四門，各一梵僧主之，持祕密咒七日夜（持祕密咒七日七夜，是借咒語的力量，使壇場潔淨）。又設木壇，布聖賢名字輪（上面聖壇是方形，這木壇形狀是圓的，一層一層，將佛名、觀音大士名、天神名，環繞寫在上面，像車輪形狀）；請聖賢（就是佛和菩薩），設香、華、燈、水、殽、果之供，禮拜遶旋（譯經的僧徒禮拜佛菩薩，向右繞木壇而旋轉），祈請冥祐（暗中保佑），以殄魔障（除惡魔的障害）。第一譯主，正坐面外，宣傳梵文。第二證義，坐其左，與譯主評量梵文。第三證文，坐其右，聽譯主高讀梵文以驗差誤。第四書字，梵學僧審聽梵文，書成華字，猶是梵音。第五筆受，翻梵音成華言。第六綴文，回綴文字，使成句義。第七參譯，參考兩土文字，使無誤。第八刊定，刊削冗長，定取句義。第九潤文官，於僧眾南向設位，參詳潤色。僧眾日日沐浴，三衣（佛制，僧徒只許著大中小三種衣服，以縫綴條數的多少，分別大小：五條為小衣，就是近身的襯衫；七條為中衣，著在襯衫外面；九條為大衣，就是大眾集會時候所著的禮服）、坐具（坐臥時所用的氈席），威儀整肅，所須受用，悉從官給。

看這段文字，凡譯一經，須經過九個人的手：初次譯主，宣讀的時候，坐在左的人，和他評量文中的意義。坐在右的人，證明文字的音韻。第四書字人，審聽梵文，先寫成音譯的華文。第五筆受人，再從音譯的華文，翻成義譯的文言。然梵文名詞動詞的位置，和華文剛剛是顛倒的，所以第六綴文的人，就拿義譯的文言，回轉過來，叫它成為漢文的句義。第七參譯的人，還要仔細參考兩土的文字，看譯成的文，是否密合。中國文字，向來是簡而短的，梵文是繁而長的，所以第八刊定的人，再將譯文冗長處刪削之，定為中國的句義。第九潤文官，是帝王所派長於文學的人，他是專管譯成的經文，加以潤色，教文章有精彩的。譯經這樣慎重，宜乎我國傳流的佛經，精美非常，為學者所公認了。

第三節　各宗的次第成立

我國小乘大乘各種宗派，怎樣成立的呢？就是譯出某種經、論，便依據這經、論的教義，成立一個宗派。如今依各宗成立先後說明之。先說小乘成實、俱舍兩宗。

一、成實宗

姚秦時（五世紀初），鳩摩羅什譯出《成實論》。這部論，是佛滅後九百年光景，訶梨跋摩（中印度人）[34]所做的。內容是就苦、集、滅、道四諦，發揮「人空」、「法空」的道理。

什麼叫人空呢？就是人的身體，是業識為因、父母為緣湊合成功的；因緣分散，人就沒有了，這叫做人空。

34 訶梨跋摩，單稱跋摩，意譯為師子鎧、師子冑。中印度人，出身婆羅門，皈依佛教，鑽研三藏，研究大乘，著有《成實論》，為成實宗之根本聖典，被尊為成實宗之祖。

什麼叫法空呢？人們聽見說人空，就要想到，人的身體固然是空，然而構造這身體的元素（法），終久不滅，是不空的。哪裡知道宇宙中間一切東西（法），沒有不是因緣湊合成功的，因緣分散，法也是沒有的，這叫做法空。

成實論就是說明二空的深理，是小乘空部最後的發展，和大乘已十分接近。南北朝有專講這論的，就共稱為成實宗。在中國開宗獨早，然到唐朝就衰微了，如今研究這論的人是很少的。

二、俱舍宗

六朝時（五世紀到六世紀），陳真諦三藏譯出《俱舍論》。這部論是佛滅後一千年光景，世親菩薩所做的，本名《阿毘達磨俱舍論》，略稱俱舍。阿毘譯為對，達磨譯為法，俱舍譯為藏，就是對法藏論。

內容就是苦、集、滅、道四諦，詳說有漏（有生滅的）、無漏（無生滅的）的法，末卷說到無我，是小乘有部最後的發展，和《成實論》正處相反地位。

真諦三藏既譯這論，並作解釋，稱為《俱舍釋論》，初開這宗，然不久這釋論便佚失了，未能盛行。

到唐時（三世紀中），玄奘重新譯成三十卷，門人普光做《俱舍論記》，法寶做《俱舍論疏》，大大的宣傳，這宗就此興盛，然不久又衰，附入於大乘法相宗。今日則研究法相宗的人，多兼習這論。

做這兩部論的人，在印度是《成實論》在先，《俱舍論》在後，恰好傳入中國，也是成實宗在先，俱舍宗在後。

至於大乘共有八宗，除掉禪宗是以心傳心、不立文字外，其餘七宗，都有所依的經論，如今也依成立的先後，說明於下。

三、淨土宗

淨土宗是東晉（四世紀）慧遠所創的。慧遠居江西廬山東林寺，領眾行道，清信的徒眾都聞風來集，遠乃結「白蓮社」，開唸佛法門。入社的有一百二十三人，有僧人、有居士，其中尤著名的有十八人，世稱「蓮社十八高賢」。

釋迦佛因為末世眾生根器淺薄，開這直捷法門，教人一心唸阿彌陀佛，發願往生西方極樂世界，所以叫「淨土宗」。這唸佛方法，不管上智也好，下愚也好，如果至心修持，成功是一樣的。

慧遠以後，歷代有提倡的大師。到唐朝善導大師，專以這法普及下級人民。直到如今，淨土宗還是普遍全國社會，比他宗特盛。

這宗所依的，有三部經、一部論，就是《無量壽經》、《觀無量壽佛經》、《阿彌陀經》、《往生論》。於教理以外，特重實行。

四、禪宗

佛家的禪定，是各宗共同的修法，就是將心專注一境，不使散亂，徐徐入定，功夫到得究竟，就能豁然大悟，明心見性。所以我國從漢末安世高到鳩摩羅什，都有譯出的禪經。初不必依此專立一宗，到六朝劉宋時（五世紀中），南天竺菩提達摩來中國，後入北魏，專倡不立文字、直指人心的禪法，就開始成立禪宗。

這宗說佛家一切經典，無非是說明超脫生死的真理。這真理猶如天空的月亮。月亮的光，初升時候極微細，不容易看見，惟有明眼的人，能先見到，於是用手指標示月光所在的地方，告訴不能見的愚人。愚人不明白他的意思，反而誤認明眼人的指頭，以為真月。一切經典，就同標月的指頭一樣。如今人誤認經典的文字，以為真理，猶如愚人誤認標月的指頭，以為真月，同一毛病。所以達摩要掃除文字的障礙，倡這直指人心的禪宗。

從達摩傳到第六祖慧能以後，我國禪宗，復分成南、北兩派。後來南禪又分為五個支派，曰：臨濟宗、雲門宗、曹洞宗、溈仰宗、法眼宗。到宋朝以後，他宗皆不振，惟有臨濟一宗盛行。直到如今，南北各大叢林（僧眾集居之寺，如樹木之叢集為林，故曰），大多數是臨濟宗的子孫。

五、三論宗

姚秦時（五世紀初），鳩摩羅什譯出《中論》、《百論》、《十二門論》，三論宗就傳入中國。《中論》、《十二門論》，是佛滅後七百年光景，龍樹菩薩所做的；《百論》是龍樹的弟子提婆菩薩所做的。《百論》的內容，是破斥外道的邪見，以明大小兩乘的正道。《中論》前二十五品（品，類也。經論中，以義類相同的文字，分為一段，稱之為品。一品，猶現在的一章），是破大乘的迷執（迷於真理的執見），明大乘的實理；後二品，是破小乘的迷執，明小乘的實義。《十二門論》說明十二種的法，全是破大乘的迷執，明大乘的實理。前章曾說過龍樹在印度提倡大乘空部教義，他的唯一手段，就在破邪顯正。這三部論，就專為破邪而做的。

羅什本來傳承龍樹的教系，所以譯出這三論，竭力宣傳，為中國三論宗的初祖。

到唐朝嘉祥大師（名吉藏）做《三論疏》，專拿這論教授學徒，三論宗於是大成。當世稱嘉祥以前為「古三論」，又稱「北地三論」；嘉祥以後為「新三論」，又稱「南地三論」。北方或又加入龍樹的《大智度論》，稱「四論宗」，然未大盛。宋以後，嘉祥的論疏久已遺佚，學者不能通三論的義，這宗就併入於天台宗而衰亡了。

如今這三部論疏，已從日本《續藏經》中得來，金陵刻經處[35]刊印行世，但研究的人尚不甚多。

六、天台宗

陳、隋間（六世紀末），智者大師（名智顗）居天台山，建立這宗。這宗的初祖是慧文禪師，師讀龍樹《中論》：「眾因緣生法，我說即是空，亦為是假名，亦是中道義。」（《中論．卷四．觀四諦品》）就悟到「一心三觀」的妙理，為創立這宗的起因。慧文傳他的弟子慧思，慧思復傳與智顗，到智顗時，天台宗於是大成。

35 中國近代的佛教文化單位，清同治五年（西元一八六六年）由佛教居士楊仁山創辦，參學者眾，包括太虛大師、章太炎等人，並印製從日本尋回的隋唐佛教著作，廣為流通。另外也成立「支那內學院」，研究法相。

怎樣叫一心三觀呢？就是宇宙萬有，看來非常複雜，實則沒有一物，不過內因外緣湊合而生。因緣一經分散，就沒有了，所以眾多的事事物物，都是因和緣所生出的東西（法）。這些東西，生生滅滅，了無實在，所以我可以說它就是空。宇宙內許多東西，我們總要替它起個名字，方能分別得清，就是一個假名。我們既知是空，又知道是假名，那麼離開這「空」的、「假」的兩種觀念，就是非空非假，合乎中道的義理。

天台宗教人用功時候，返觀一心，先掃除一切從因緣所生的妄念，做空觀的功夫，然後再看這妄念怎麼樣會起來的？無非是一個一個的假名，記在心裡，所以念念生起，這就是「假觀」功夫。悟到非空非假，就是「中觀」功夫。這是台宗的真實用功法門，從《中論》裡悟得來的。

智者大師更拿《法華經》做本宗的主，拿《大智度論》為本宗的指南，拿《涅槃經》扶助《法華經》，依《大品般若經》，詳立空、假、中三觀的方法。

這宗師弟依次傳承，歷唐、宋、明、清雖有興衰，然而歷代都有傑出的人物。現代南北講經的諦閑法師（民國二十一年圓寂），也是天台宗後起的宗匠，所以天台宗風，如今尚稱興盛。

七、律宗

戒律本是佛家共同的法典，不論哪一宗都要遵守的，所以有「佛在世時，以佛為師；佛滅度後，以戒為師」的恆言，可知並無專立一宗的必要。但是律有大乘律、小乘律的分別。大乘律有《梵網經》、《菩薩戒本經》等；小乘律有《十誦律》、《四分律》等。

我國從鳩摩羅什提倡《十誦律》後，這律法盛行於長安，更傳播到南方荊州各地。到了南北朝中葉，四分律又盛行於北方。降及唐代，四分律就壓倒其它諸律，獨盛一時。這時（七世紀初）有道宣律師出世，覺得戒律應當統一，依他的研究，《四分律》最宜於中國，於是廣撰疏鈔，闡明律意，因為道宣住在終南山，故世人特稱為南山宗。

這宗傳到宋朝，又有允堪、元照兩律師出世，重復振興；但到元、明兩朝，就已衰微。明末時，竟有出家僧人要求受戒的師父也不可得，佛門綱紀幾乎墜地。清代初葉有古心律師傑出，他的嗣法子孫三昧、見月兩律師繼起，南山宗由此復興。三昧律師開設戒壇於江蘇的寶華山，專用律法軌範僧徒，到如今南北大叢林傳戒，都要遵照寶華山的戒法哩。

八、法相宗

佛家以宇宙間一切事事物物，統稱之為法；凡法有它的本體，叫做性；有它的現象，叫做相。性只一個，相有萬殊，就是我們心上起一念頭，也有它的相貌，總名「法相」。龍樹的大乘空教，是講明諸法本性的，也叫「法性宗」。傳入中國的三論宗，就屬這一教系。世親的大乘有教，是先講諸法的外相，再講到本性的，叫法相宗。玄奘法師親到中印度，從戒賢（梵名尸羅跋陀羅）論師，傳這教義，歸國後大宏這宗（七世紀中）。他的大弟子窺基，更完成之，這宗由此大盛。

這宗在印度，是佛滅後九百年光景，無著菩薩從彌勒菩薩處，傳出瑜伽師地論，開始創立這教系；後來世親菩薩做《唯識三十頌》，護法菩薩等做成《唯識論》，方才成為有力的學說。

我國南北朝時，陳真諦三藏早已翻譯《法相經論》，然沒有盛行。到玄奘翻譯時，和真諦所譯的多有不同的地方，因此世人稱真諦所譯的為「舊相宗」，玄奘所譯的為「新相宗」。

這宗和三論宗恰相反，所依的經有《楞伽》、《阿毘達摩》、《華嚴》、《密嚴》、《解深密》、《菩薩藏》，總共六經。所依的論，有《瑜伽師地》、《顯揚聖教》、《莊嚴》、《辨中邊》、《五蘊》、《雜集》、《攝大乘》、《百法明門》、《分別瑜伽》、《二十唯識》、《成唯識》，總共十一論。

唐朝玄奘法師，師弟相承，窺基做成《唯識論述記》及《樞要》，慧沼（窺基弟子）做《成唯識論了義燈》，智周（慧沼弟子）做《成唯識論演祕》，大為闡揚，法相宗就盛極一時。

到宋以後，研究的人漸少，這幾部重要論疏，也完全佚失。到明朝末年，有明昱、智旭兩大師，對於這宗著述頗富，然因為沒有看見從前的論疏，解釋不免錯誤。如今論疏也從日本《續藏經》中取回，南北刻經處分別刊印，學者得以窺見玄奘的本旨，這宗頗有重興的機運。然出家人以這宗經論，文深義繁，研究的人頗少；在家居士則以這宗經論，系統分明，切近科學，研究的人較多。

九、華嚴宗

唐朝（七世紀中）杜順和尚（和尚也稱「和上」，是印度俗語，譯為親教師），始依《華嚴經》，創立「觀心法」，名曰「法界觀」，為這宗的初祖。智儼法師傳承這教系，做《華嚴經搜玄記》，為第二祖；至第三祖賢首國師法藏，做《華嚴經探玄記》，這宗就大成；第四祖清涼國師澄觀，又做《華嚴懸談》及《演義鈔》，解釋華嚴奧義，於是華嚴宗如日麗中天，隆盛無比。

這宗所依的是《華嚴經》，這經卷帙最多，稱為經中的王。昔釋迦牟尼，在菩提樹下成佛的時候，拿他心中自己證得的真理，為弟子們宣說，就是這部大經。佛滅度後，到龍樹菩薩，始拿這經傳佈於世，傳到中國有兩種譯本。

一種是東晉時佛陀跋陀羅譯的，共六十卷，世稱為「六十華嚴」。杜順和尚依它立宗，和二祖智儼、三祖法藏所做的記，都是依據「六十華嚴」的本子。

一種是唐朝實叉難陀（于闐國人）所譯的。唐武則天皇后，因《華嚴》舊經不甚完備，聽見于闐國另有梵本，派人前去訪求得之，並請實叉難陀同來中國，於中宗嗣聖元年（西元六八四年），在大遍空寺開始翻譯，於聖歷二年（西元六九九年）告成，共計八十卷（以上節取宋《高僧傳．卷三．實叉難陀傳》），世稱「八十華嚴」。這部經譯出以後，華嚴宗第四祖澄觀，又依據這經，做疏二十卷，做演義鈔四十卷，完成這一宗的教義。

華嚴宗到唐朝以後，所出人才，不如天台宗的多，所以自宋到明，這宗時斷時續，極為衰微。到清朝初年，有柏亭大師（名成法）出世，為這宗的大匠。這時華嚴典籍，大都散失，大師竭盡心力，重複搜集，撰述極富，華嚴宗於是重興，然此後復衰。雖光緒、宣統年間，有月霞法師，以研究《華嚴》著名，也沒有十分發展。近來有應慈法師，傳月霞的學，以《華嚴》教授學徒，可見華嚴到現在，已不絕如縷了。

十、密宗

密教經典早傳中國，自東晉懷帝永嘉時（四世紀初），帛尸梨蜜多羅[36]首譯出《孔雀王經》。歷代都有翻譯，然並沒有正式設壇傳道的人，所以密宗的成立，比較他宗，為時最晚。唐玄宗開元時（八世紀中），善無畏[37]來中國，始正式傳佈密教。同時金剛智[38]偕弟子不空，也從海道到中國，宏傳這教，為有密宗的開始。

密教是對顯教而言，顯教是以顯露的言說文字為教，如上面所說三論、天台、法相、華嚴各宗都是；密教反之，是專以持誦密咒為教。又顯教經典，是釋迦牟尼佛所說；密教經典，是毘盧遮那佛（大日如來）所說，這是顯密兩教

36 帛尸梨蜜多羅，亦作帛尸黎蜜多羅，譯名吉友，西域高僧。

37 善無畏，中天竺國王之子，梵名戍婆揭羅僧訶，唐言淨師子，善無畏為其名意譯。十三歲繼承王位，因兄弟嫉妒而國內叛亂，於是讓位於兄長，離國出家。曾於那爛陀寺遇龍樹弟子龍智，受瑜伽三密之教。唐玄宗開元四年至長安，時年八十，開元二十三年十月七日圓寂，壽九十九。（《佛光大辭典》）

38 金剛智，中天竺人，姓剎帝剎（一作南印度摩賴耶婆羅門種），伊舍那靺摩之第三子。十歲出家，博通密乘。唐開元七年來到中國。

不同的地方。

這宗經典，以《大日經》和《金剛頂經》為主，經典以外，祈禱供養等儀軌，極為重視。

釋迦滅後八百年光景，龍樹菩薩在南天竺鐵塔裡，面見金剛薩埵，傳受密訣，密教就流傳於世。龍樹傳他的弟子龍智。到中國的金剛智，就是龍智的弟子。這宗的祕密法門，是身、口、意三密相應：手結印，是身密；口唸咒，是口密；心中觀想，是意密。然若沒有阿闍黎（譯為軌範師）傳受，就不能學習。

唐朝時這宗極盛，到宋朝就衰。明朝時太祖以祕密傳教有流弊，下令禁止，就此失傳了。

唐朝時不空的弟子惠果阿闍黎，拿祕密法門，全部傳授於日本空海和尚，他歸國以後，組織很完備的密宗，到如今還流傳不絕。

西藏的喇嘛（喇嘛是西藏語，譯為無上，指高僧而言）教，也是密宗，是從印度直接傳入的。佛教在我東晉時早已傳入西藏，至西元七百二十八年（即唐玄宗時），有印度蓮花生上師到西藏，就此成立喇嘛教。

現在的出家和尚、在家的居士，多有赴日本或入西藏研求密教的，因此稱日本所傳的為「東密」，稱西藏所傳的為「藏密」。

印度小乘，從上座、大眾兩部分裂後，就分為空、有兩部。上座屬有部，大眾屬空部，傳到中國來也是這樣。俱舍宗是有部，成實宗是空部，然這兩宗不久就衰，可知小乘教義和中國社會不十分相宜。

至於大乘八宗，淨土、禪宗成立最早（禪法從漢末安世高就傳入）。淨土屬有宗，禪屬空宗。這兩宗成立既早，歷代相傳，沒有間斷，到如今勢力還是普遍全國，這是值得我們注意的。三論是空宗，法相是有宗，這是印度固有的教義，整個兒傳入中國的。這兩宗在從前雖曾有極大的發展，然早已盛極而衰。

天台、華嚴兩宗，天台屬空宗，華嚴屬有宗，這兩宗完全是中國人自己創立的，教理的精博、方法的完密，足見組織力的偉大。然現在華嚴極衰，天台比較稍振，終不能和禪、淨二宗並駕齊驅。

至於密教，也屬有宗，成立最遲，終遭禁止，現在雖有重興的機運，還沒有十分流行。

【問題】

一、佛教何時傳到中國？
二、東漢時翻譯的經典？
三、譯經初期情形如何？
四、關中佛教與廬山佛教內容如何？
五、大乘空有二宗在何時開始？
六、羅什、慧遠兩派的學風相同否？
七、譯經第二時期情形如何？
八、譯經第三時期情形如何？
九、中國的大乘有部由何人完成？
十、密教由何人傳入中國？

十一、譯經的第四時期情形如何？
十二、譯經儀式如何？
十三、小乘兩宗的教義？
十四、淨土宗的內容？
十五、禪宗的開創及分派？
十六、三論宗和四論宗相同否？
十七、天台宗的一心三觀內容如何？
十八、律宗何時成立？
十九、法性和法相的分別？
二十、相宗如何分新舊？
二一、六十華嚴、八十華嚴的分別？
二二、顯密兩教的內容？
二三、何謂三密相應？
二四、東密、藏密的由來？

第八章　《大藏經》的雕刻

第一節　中國雕印的《大藏經》[39]

一、北宋時蜀版《大藏經》

我國的雕刻印刷術，起源在什麼時候，已不能確定。據沈括做的《夢溪筆談》裡所說：「五代時馮道始印五經。」然據《歷代三寶記・卷十二》載，隋開皇十三年敕：「廢像遺經，悉令雕撰。」這兩句文字，可作為雕刻佛像佛經的證據。是知，雕刻術在隋代已經流行了，至於正式雕刻的官版《大藏經》，當以北宋的「蜀版」為開始。宋太祖開寶四年（西元九七一年）遣張從信往益州（今之成都）雕大藏經，到太宗太平興國八年（西元九八三年），經過十三年而刻成，這是我國最初雕刻的大藏經，也是最精的版本。惜乎現在只有殘本，而完全的經典很少見了。

宋太祖振興文化，對於佛教保護提倡，極其盡力。他知道唐朝是佛教全盛的

39 蔣維喬先生所敘述之各種《大藏經》，係指雕版印刷術起始後刊行的各種版本。此處另補充數種非雕版印刷與《大藏經》相關的著作：以漢文系《大藏經》而言，最早可以追溯至東漢朱士行所編的《漢錄》，後東晉時，道安法師編纂《眾經目錄》，此兩部因遭遇戰亂和北魏滅佛而失散。梁武帝時，因武帝因崇尚佛法，曾總集佛教經典五千四百卷，由沙門寶唱撰寫目錄。而唐朝僧人智昇撰寫《開元釋教錄》，收錄後漢到唐朝開元十八年（西元七三〇年）所譯撰之佛教經典，附以翻譯者小傳和歷代所撰寫的經錄。後來歷代的《大藏經》多以此目錄為基礎。隋代大業年間，高僧靜琬在隋煬帝的蕭皇后協助下，於房山開鑿岩洞，將經卷刻在石壁上，稱為《房山石經》。

時期，翻譯的經典不少，然未能彙集歷來經典，印成全藏，是一種缺點。加以五代的紛亂，佛典的散失也不在少數，這時若不從事搜集，以後更不堪設想。況且太祖統一天下，他的功業，和唐朝開國時沒有兩樣，這種發展文化的根本計畫，當然要十分努力，突過前朝；所以這雕刻《大藏經》的大事業，到此就完成了。

這部經版，可惜沒有完全的本子，內容已不甚可考。然據各家記載，全部有四百八十函，五千另四十八卷。字體印紙，都極精美。現在從殘本裡，還可考見一斑。這版刻成，影響到國外，日本、高麗、契丹等國，都到宋朝來請求頒賜一部，回去仿照刊刻。所以這副版子，復做外國刻經的鑑本。就這一點，可以知道它的價值。

二、明朝的南北藏[40]

明太祖微賤時，本來進皇覺寺做和尚，後來起兵推翻元朝，為明朝開國

40 宋朝之後，明朝以前，於元代（西元一二七八年），曾於杭州大普寧寺，刻印《大藏經》，收錄佛經一四三〇部，共六〇一〇卷。另外明代紫柏大師於《徑山藏．刻藏緣起》中曾紀錄，元代刊行的《大藏經》約有十多部。

的皇帝。他既是和尚出身，對於佛教，自然格外信仰，所以在洪武五年（西元一三七二年），招四方的名德沙門，集於蔣山寺（今南京之紫金山），點校藏經，預備刊印，就在南京開雕一部《大藏經》，通稱「南藏版」，總計六百三十六函，六千三百三十一卷。但這時在元末騷亂以後，舊版經帙多已散失，缺乏校對的材料，所以南藏版脫誤極多，且不免有杜撰的地方。

後來成祖建都北平，因南藏版誤謬太多，就於永樂十八年（西元一四二〇年），重新開雕藏經。到英宗正統五年（西元一四四〇年）刻成，通稱「北藏版」，總計六百三十六函，六千三百六十一卷。然大體上雖比南藏好一些，也不見得十分完善，不過南藏每頁是六行十七字，北藏每頁是五行十五字，形式上行數較疏，字跡較大就是了。

三、清朝的龍藏

清代在滿洲時候，本崇信喇嘛教，後來入主中國，就盡力保護佛教，自然拿雕刻藏經，也看做重大事業。從雍正十三年（西元一七三五年）起，到乾隆三年（西元一七三八年），四個年頭，刻成一部全藏，因卷端刻龍紋，所以叫「龍藏」。這部經是拿明朝北藏做底本，復增加新材料，總計七百三十五函，七千八百三十八卷。

它的內容是比宋明的藏經來得豐富，然皇家刻經的目的，在尊重佛教，流通法寶，並且前代既然有成例在先，為國家體面計，自應舉辦。但是當時經手校刊的臣工，未必個個盡職，所以這部龍藏內容雖然龐大，也不能算善本。

四、頻伽藏

清末宣統三年（西元一九一一年），上海頻伽精舍拿私人財力，排印《大藏經》，世人通稱為「頻伽藏」。這部藏經，用日本弘教書院縮印藏經做底本，而用四號鉛字排印，比較底本的五號小字鮮明得多，便於誦讀。總計四十函，八千四百一十六卷。但弘教本是拿高麗藏做底本，並拿宋、元、明三藏本，校對同異，標列上眉，於學術上最有價值；頻伽本則不然，將校刊記另作數卷，附在經末，檢查甚為不便，並且全書校對不精，訛誤太多。

五、影印《續藏經》

佛教遭武宗會昌時（九世紀中）的厄難[41]，經教散佚，各宗重要論疏多流傳於日本。海禁未開時，明末清初，雖高僧輩出，因為不能窺見昔賢著述，十分遺憾。

到清末海禁大開，國人方知道各宗散佚名著，十之四五尚存於日本藏經書院刊行的《續藏經》裡面。民國十一年（西元一九二二年），居士徐文蔚、蔣維喬等，發起影印《續藏》，由上海商務印書館擔任印刷發行，到十三年而成書。總計一千七百五十七部，七千一百四十八卷。

楊文會的刻經事業

41 指唐武宗在位期間，推行的一連串滅佛政策。以會昌五年（西元八四五年）四月頒佈的滅佛敕令，下令長安只能保留四座寺院，每寺留僧十人，洛陽保留寺院兩座……其他諸多寺廟皆遭摧毀，僧尼一概還俗為最高峰。

此外還有單行本經典，是清末楊文會居士所發起的。向來佛經，只有全藏，絕少單行本，學者要從事研究極為困難。楊文會於清同治五年（西元一八六六年），在南京創辦金陵刻經處，刊刻單行本經論，並手定《大藏輯要》目錄，依據這目錄，以次付刊。後文會與日本南條文雄訂交，託他在日本訪求唐代以來散佚的名著，得藏外書典籍二、三百種，選擇其中最好的，精校刊行；又得到日本弘教書院縮影藏經，據以校刊。文會一生精力，悉用在刻經事業，其手校出板的經籍，在他生前，已多到兩千卷，校刊極精，便於學者。

當時聽見文會的高風而繼起的，如湖南，如揚州，都設有刻經處。文會歿後，北平、天津也都創辦刻經處，所印經典板式款式，都依文會成規，合在一起，就是一部《大藏輯要》。所以文會在近代佛教的影響，異常偉大。

第二節　日本雕印的《大藏經》

一、高麗版

宋太宗淳化二年（西元九九一年），高麗遣韓彥恭來中國，請去蜀版《藏經》一部，就有兩次雕刻《藏經》的大事業：第一次雕刻的時代，傳說不一，大約從顯宗十一年（西元一〇二〇年）開始，經過四朝到宣宗四年（西元一〇八七年），費六十七年長的時間，全部方才告成，總計五百七十函，五千九百二十四卷。其中除大部分依據蜀版外，復搜集開元以後新譯新撰的經典（蜀版但依據開元錄，開元以後的譯述沒有收入），所以內容增加不少。

這初雕版到高麗高宗十九年（西元一二三二年），蒙古來侵，經過兵燹，經版全部燒毀。高宗既苦蒙古的侵略，自量國勢，又不能和他抵抗，只有仰仗佛力保佑，以救國難。就在二十三年（西元一二三六年），重新開雕大藏，直到三十八年（西元一二五一），經十五年方告成。這時高麗所藏舊經，有宋蜀版、有契丹新刻成的契丹版，又有初雕舊本，拿這三本，比較對照，嚴密勘定，成功這部最精的板本，通稱為「再雕板」。總計六百三十九函，六千五百五十七卷。後世學者論及藏經，必推尊麗藏，諒非無故。

著者曩年到日本，曾在某寺親見這本，精美無倫，日人對我說：「現在日本政府已規定麗藏為國寶，不許流傳到外國裡去哩。」

二、契丹版

宋朝雕印蜀版，不但影響到高麗，就是契丹國，也受了刺激，促成雕刻藏經的事業。本來契丹建國，先於趙宋五十餘年，努力提倡文化也比宋早，如今眼見蜀版藏經告成，如何能不著急，並且彼國素來也尊重佛教，就覺得雕印《大藏經》為不可緩的事了。開雕時代，大約在興宗之世（西元一〇三一年～一〇五四年），到道宗時（西元一〇五五年～一一〇一年）完成。

《遼史》（契丹後稱遼）第百五十一卷《高麗傳》有云：「清寧八年，送經藏一部於高麗。」清寧就是道宗的年號。

但是契丹藏也久已散佚，內容怎麼樣？無從考見。唯清代王昶所撰《金石萃編》第百五十三卷，載有志延所做《暘臺山清水院創造藏經記》云：「印大藏經，凡五百七十九帙。」就是指契丹版。可見在蜀版四百八十函以外，也增加不少。[42]

三、日本版

梁代末年（六世紀中），佛教經典已流傳到日本。到唐朝時，日本人玄昉入中國，留學二十年，於唐玄宗開元二十三年（西元七三五年）歸國，攜去經論章疏五千餘卷。

到宋朝時，東大寺等僧奝（音刁）然到中國，宋太宗待他很優，得以遊覽五台山和各處佛地。這時剛剛是蜀版藏經刻成的第二年。太宗雍熙四年（西

42 此處補充西夏文《大藏經》資料。西夏文《大藏經》主要以漢譯與藏譯佛典為本，初期為李元昊字宋朝取得《大藏經》後，翻譯為西夏文字。李元昊後，歷代西夏君主均信仰佛教，將佛教經典單翻譯為西夏文。西夏王國後七十餘年，西夏文《大藏經》才宣告翻譯完成。元代於大德六年（西元一三〇二年），於浙江大萬壽寺印行西夏字《大藏經》。然今日西夏文《大藏經》損毀不全，僅剩殘卷。

元九八七）年，奝然歸國，太宗拿藏經全部賞給他，這是日本得到全部《大藏經》的開始，後世也就注意刊印佛經，所刊零本不少。復見高麗有再雕版，就竭力向高麗請求，至十餘次，方得到一部。

到寬永十四年（西元一六三七年），有僧人天海，賴德川氏保護的力量，創設雕經局於東叡山寬永寺，開雕全藏。到慶安元年（西元一六四八年），經過十二年而告成，總計六百六十函，六千三百二十三卷。這是活字木版《大藏經》，世稱之為「天海藏」。

到明治的時候，印刷術大有進步。日人島田蕃根等，在東京創辦弘教書院，與增上寺僧行誡，共同排印五號活字小本藏經。自明治十三年（西元一八八〇年）起，至十八年（西元一八八五年），經過六年而告成。總計四十八帙，八千五百三十四卷，通稱為「縮刷版」。這部經是用麗藏做底稿，再拿宋、元、明三本，詳細校對，標記異同，列於上眉，並且全書都加過句讀，便於學者研讀，最為特色。

藏經書院的正續藏

明治三十五年（西元一九〇二年），京都（日本西京）藏經書院，用明藏做底本，復刊行《大藏經》，用四號活字排印，比縮刷版字體較大，也是全部加過句讀，閱者易於醒目。到三十八年，經過四年而告成，總計三十七套，六千九百十二卷。因為卷端有卍字，通稱為「卍藏版」。

藏經書院又刊行《續藏》，於明治三十八年（西元一九〇五年）起，到大正元年（西元一九一二年），經過八年而告成。版式字體，和卍藏一律，內容甚富，我國唐以後久經散佚的註疏，大部分被它收入。總計百五十一套，七千一百四十八卷，名曰《大日本續藏經》。惜不久經版遭火災，惟商務印書館影印本現尚流行，這是極可寶貴的。

到大正年間，高楠順次郎等於大正十二年（西元一九二三年），發起《大正新修大藏經》，比較從前的藏經，多有革新的地方。編纂則依學術的基礎，校對不但用「宋」、「元」、「明」、「麗」等舊本，並且採用近代西域諸國地下發掘的珍籍，和我國敦煌所出唐人寫經。經中人名、地名、術語，又拿梵文、巴利文，一一對照。這實在是近世最善的版本。後來日本遭大地震的災患，這事業幾乎挫折，高楠氏等苦心經營，到昭和三年（西元一九二八年），竟得全部告成。總計五十五函、二千三百三十六部、九千零六卷。[43]

【問題】

一、宋太祖何故要雕刻《大藏經》？
二、明朝南藏、北藏的分別？
三、龍藏在何時雕刻？
四、頻伽藏的內容如何？
五、《續藏經》的內容如何？
六、單行本經典是何人刊印？

43 此處補充藏文系《大藏經》大的相關資料：西元九世紀，編纂成《丹噶目錄》，係為手抄本，共收錄約七百種的大乘佛教經典。西元一三一三年，雕版印刷了第一部藏文的《大藏經》，以後又陸續出版了十多部。其中最齊全的官版藏文《大藏經》是西元一六八三年出版。藏文《大藏經》與其他文字《大藏經》不同之處，在於關於密宗的論述較為齊全，另外有許多天文、文法、詩歌、美術、曆法、醫藥等等著作。此外《大藏經》也有蒙文版本，歷史上蒙文《大藏經》（又名《如來大藏經》或《番藏經》）共有四次刻印，分別在元朝大德年間、明朝萬曆與崇禎年間、清康熙與乾隆年間。

七、高麗藏的內容如何？

八、契丹雕刻藏經在什麼時候？

九、日本雕刻的經藏有幾種？

第九章　佛教的研究方法

第一節　佛教大體的研究

佛教自來沒有入門書

凡是研究一種學問，總須先知道它的大體，然後再分門專攻。前者就是概論，初學的人應由這入手；後者就是各論，那是專門深造。如今要研究佛教，也是這樣。但是古來傳下的佛教書籍，關於概論的極少，近代楊文會居士，他自己從《大乘起信論》入手，後來教授學人，就拿《大乘起信論》做入門書。然這部論說理頗深，又是一家的見解，絕不能包括佛教全體。

又有人主張初步讀《起信論》外，兼讀《華嚴原人論》的。這部論是華嚴宗第五祖宗密所做，內容於儒、佛兩教，一一比較，又拿佛教各宗教理的深淺，歷歷說明，很覺得詳細。然彼著書的本意，是要推尊華嚴，抑置他宗，也是一家的見解，不能包括佛教全體。

此外楊文會有自著的《佛教初學課本》，用《三字經》體裁，雖便誦讀，卻不易叫學子瞭解。范古農所做的《佛教問答》，是限於問答體，不能始終一貫。著者從前也曾做過《佛教淺測》，也覺過於簡單，不足饜學人的希望。如今這部《佛學綱要》，就為應這需要而做的，於佛教的大體，既已包舉無遺。全書用白話文，又易於瞭解，照現在出版品而論，這確是最合於初學的書。學者讀過以後，如要再進一步，可以讀我的《佛教概論》，這部論的內容，要比較高深一些。

第二節　佛教歷史的研究

印度國民缺乏歷史觀念

一切學術，總有它的來源，和發達變遷的因果關係。所以歷史的研究，極為重要。但是佛教最是特別，向來不重視歷史。這是什麼緣故？原來印度的國民性，喜用幽玄的思考，缺乏歷史的觀念，所以佛典中，關於歷史材料，錯亂荒誕，不可究詰，時代相差幾百年，不算稀奇。敘一人的事，甲書中可說為聖人，乙書可斥為惡徒，極端相反的異說，可以並傳下來，這是佛典歷史特有的現象。至於附會神話，離奇變幻，更到處皆然。況且佛教從釋迦牟尼傳到如今，有三千年的長久，分佈區域，南則由錫蘭到緬甸、暹羅、南洋各地，北則由中亞西域到中國、西藏、蒙古、滿洲、朝鮮、日本，範圍又這樣廣大。所以研究佛教歷史，比較他種學問，特別困難。

近世經過西洋學者用科學的方法，逐漸整理，日本學者繼之，佛教的歷史，始有系統可尋。我國舊時的佛教徒，也受印度的影響，不曉得注意歷史，就是偶有撰述，也只限於傳記及編年，要從舊時典籍尋覓一部有系統的佛教通史，絕對沒有，學者不勝遺憾。

本書第二、第三章和第五、第六章，頗涉及印度佛教的歷史；第七章，涉及中國佛教的歷史，於佛教上向來最缺乏的史料，特別注重搜集，就為彌補舊時的缺憾起見。學者既得了這種歷史知識，當更做進一步的探究。

就現在出版的書籍而論，關於印度方面的，有呂澂所做的《印度佛教史略》，關於中國方面的，有我近著的《中國佛教史》，倘拿這兩書細看一遍，於佛教全部歷史，當可瞭然，不致像從前佛教徒的模糊影響了。

第三節　佛教教理的研究

佛教最後目的

研究佛教的主眼，就在教理。教理明白，然後依理修行，脫卻生死的迷境，進入涅槃的悟境，方是佛教最後目的。上面各章所講的，儘管千言萬語，可以說都是為明白教理的預備，但教理極其廣博，幾千卷的藏經，無一不是講教理的，並且各宗有各宗的教理，我們要研究，如何下手呢？這可不必慮，自有執簡馭繁的方法。

前文曾說過，根本佛教是四諦（第四章第二節）。無論各宗教理講得如何精深廣大，均從四諦推演出來。如今將各經典所講的共同原理提出，加以解釋，探得教理的核心，以後再研究各宗專門的學說，就不至於望洋興歎了。

經典的共同原理

各經所講的共同原理，通稱為「五蘊」、「十二處」、「十八界」三科；是從苦、集二諦推演而出，今分別加以說明：

一、五蘊

外而世界、內而身心，種種物質、種種精神，縱橫錯雜，不可紀極，倘剖析起來，無非是許多元素聚合積集成功的。佛教為之起一名稱，叫做「蘊」。蘊是積聚的意思。又拿這積聚的物質精神，分為五大類，叫做五蘊：是色蘊、受蘊、想蘊、行蘊、識蘊五種。這五種中，拿現在哲學上分類來說，色蘊就是物，受、想、行、識，四蘊就是心，世間一切事事物物，可以物心二元包括無遺；所以佛教的五蘊，也就包括宇宙萬有，毫無遺漏了。

色蘊分析起來，有五根、五境：我們的眼、耳、鼻、舌、身，叫做五根。眼見色、耳聞聲、鼻嗅香、舌嚐味，身覺得寒、暖、痛、癢等感觸。這色、聲、香、味、觸五種外境，是我們眼、耳、鼻、舌、身五根的對象，叫做五境。我們想想看，宇宙萬有這樣複雜，然而剋實說來，除掉色、聲、香、味、觸五境以外，還有什麼東西？假如我們沒有這五根的感受作用，那麼宇宙萬有，一件都沒有了，所以佛家總稱五根、五境為色蘊，包括一切的物質。

受、想、行三蘊，是講心理發生的次序。我們的心，是什麼樣？從前的人，拿左胸裡面跳動的肉團，叫做心。如今生理學考證明白，那是發血的器官，並不是心。心是腦神經的作用，似乎可以算定論了。然而有一種單細胞原始動物（阿米巴），它並沒有神經，也有感覺作用，可見腦神經還不過是心的發動機關，不見得就是心的本體。佛教講心的發生次序，第一步為感受，和現在心理學第一步先講感覺，同出一轍。感受從環境而起，我們碰到的環境，有順境、有逆境。碰到順境，就覺得快樂，這叫「樂受」；碰到逆境，就覺得苦痛，這叫「苦受」；還有碰到不順不逆的境，無所謂樂、無所謂苦，苦樂兩捨，這叫「捨受」。我們自嬰孩到成人，心理上積聚的感覺，不出這三受，所以叫受蘊。

心中積聚了許多感受，這苦、樂、捨等念頭，忽起忽伏，時往時來，就有對境想像事物的作用，這叫想蘊。

想像不已，就有作善作惡的動機，由心行動，發現於身口，這叫行蘊。

受、想、行三蘊，講明心理發生的次序，很是精切。前說腦神經只是心的發動機關，不是心的本體，可見別有無形的心靈在那裡。然在佛教，早已說明心靈的本體，叫做識蘊。

識蘊分析起來，有八個識聚合而成的，就是眼識、耳識、鼻識、舌識、身識、意識、第七識、第八識。我們的眼球，好像一個凸鏡，外物的影像，射入其中，就能見色。然有時候，心不在焉，視而不見，這是什麼道理？那是外物的影像，雖然射入眼球，卻沒有和眼根相對的緣故。佛教所說的眼根，不是眼球，是指球內的視神經而說。所以眼睛看見色，必有一定的條件，叫「根境相對」，方能發生眼識；眼識既生，就能辨別青、黃、赤、白等顏色，不相對，就不能見的。耳對聲，也是如此，譬如室內掛個時辰鐘，一點起到十二點，按時發聲。然而我們有時聽見，有時不聽見，就是心不在焉，聽而不聞，可見耳之於聲，也要聽神經（耳根）剛剛和聲音相對，方能發生耳識，辨別聲音的高下長短。此外鼻對香、舌對味、身對觸，都是這樣。

至於第六意識，作用廣大，不論有形的、無形的一切事事物物，都是意根的對象。這對象，佛經上有一特別名詞，叫做「法」。因為一切事物，都有天然的規則，所以拿法字來包括它。

意根和法，剛剛相對，就發生意識。我們的妄心，完全是這意識作用。凡夫無一刻不是妄心用事，所以只認意識做心體，就是心理學也只研究到意識為止。佛家因為有禪定功夫，能叫妄心不起作用，這種功夫，能打破第六識，窺見內在的第七識。這七識中國人向不知道，當然沒有名詞，只好翻譯梵音，叫「末那識」。

梵語末那兩字，譯為執我。凡是有生命的動物，沒有不執持我見的。我們未曾打破第六識，不能窺見第七識的形狀，然而也可以在它的作用方面，知道一點。試閉目一想心的現象，這第六意識，一念去，一念來，忽而想甲，忽而想乙，絕不能老是拿住一個念頭，注定在一個事物，永遠不轉變。這可證明第六識是有間斷的。然我們再想一想，就覺「我」字這個念頭，自從出母胎以來

（嬰孩初生，就知道吃娘的乳，就是維持我的生命的一種本能），直到老死，是永遠潛伏在心裡，不間斷的。可知執我的念頭，不在第六識的範圍，而屬於第七識的範圍了。

至於第八識，也是佛家用禪觀功夫，戡破第七識後，方才知道的。梵語的譯音叫「阿黎耶」，是含藏的意義。這識極其廣大，宇宙萬有，無論有生命、無生命的東西，都是這識所變出來的。所謂一切唯心所造，這心字就是指的第八識。倘欲詳說，道理極深，既不易解又限於篇幅，姑且拿含藏的意義，略說一說：

第八識譬如田地，我們的受、想、行三種作用，一經動念，這個念頭就如種子，落在八識田中，無量數的觀念種子，都含藏得進去。有時這種子忽出現於腦海，我們就會記得起那件事體，所以我們數十年前的往事，忽然會想得出來，都是這第八識的含藏作用。我們今生所做的善業惡業，身體雖死，這業力是含藏在第八識中，絕不消滅的，所以我們到老死時，這識最後離開軀殼，託生時，這識最先投入母胎，做生死輪迴的主體（拿現在流行的話來說，彷彿像靈魂。但靈魂是限於有生命的，這識連無生命的東西，也是它所造的），就是這第八識。

佛家超脫生死的功夫，是用種種方法去修行，拿這識轉成大智慧，不再投入生死海，就成佛了。這八種識合為一蘊，叫做識蘊。

二、十二處

眼、耳、鼻、舌、身、意，和色、聲、香、味、觸、法，叫十二處。處是生長的意思，是說由眼、耳、鼻、舌、身、意的六根，色、聲、香、味、觸、法的六境，能夠生長眼、耳、鼻、舌、身、意的六識。

三、十八界

眼根有眼根所處的地位，色境有色境所處的地位。根境相對，發生眼識，眼識也有眼識所處的地位。這根、境、識三者，各有界限，所以叫「界」。眼界、色界、眼識界；耳界、聲界、耳識界；鼻界、香界、鼻識界；舌界、味界、舌識界；身界、觸界、身識界；意界、法界、意識界。總共有十八界。

有為法和無為法

以上蘊、處、界三科，可以包括宇宙萬有。就是拿苦、集二諦，詳細分說。無論是物是心，都是有生有滅，所以又總括起來，叫做「有為法」。佛家教人修行，息滅妄心，轉成智慧，脫離蘊處界的生滅境界，進入不生不滅的涅槃境界，就是道諦、滅諦。涅槃沒有生滅，所以叫「無為法」。

一切經論，大概都是說明有生滅是幻境，不生滅方是真境，教人捨有為法而入無為法的。知道這共同原理，教理就不難明白了。

第四節　經論的研究

經、律、論三藏，律是佛家的法典，專重實行，不關學理，所以研究佛學只以經論為主。但是要研究經論，十分困難，約舉起來，大概有三點：

第一、名詞的難解。佛典中名詞，均含有特別意義，不像普通名詞，可以尋名索解。況且各種學術，名詞的繁多，殆莫過於佛典，無怪初學的人一看見許多名詞，就退縮了。

第二、文章的深奧。佛典的文章，也和普通文章大不相同，這是因為從印度文翻譯過來的緣故。印度文法，名詞動詞的位置，和華文剛好顛倒，譯為華文，自然不能十分流暢。何況翻譯的語句，都是唐、宋以前的文體，今人讀起來，如何能夠易於明瞭。

第三、道理的幽玄。佛教所含的哲理，比任何宗教來得精深。初學的人，要通曉這種精深博大的學說，談何容易。

有這三種困難，所以學者對於經論，雖然有志研究，往往掩卷太息，不得入門。著者三十幾年前，就歡喜看佛典，得到一部經，或一部論，不管什麼，便從頭到尾研讀一遍，雖然讀完，實在未解，然深曉得它的道理是極高的。於是拿來再讀，仍覺得似解非解，只得暫時擱置。隔多少時，又拿來閱讀，甚至三讀、四讀，不肯罷手，然終不能十分明瞭。這樣徘徊門外，幾乎十多年。

民國元年以後，到北平，遇見了許多善知識，或請他口講，或執經問難，方才得到門徑。自後凡遇到法師講筵，總去列席靜聽，回來自己研究，近十幾年來，始於大小乘性相各宗，均有相當的認識。如今拿我的研究經過情形，報告讀者，可勿若我的迂迴曲折，走許多冤枉路，要十多年方才入門。

如何能不走冤枉路呢？最要緊的，就是初入手研究，總得有一個先生或朋友，替你講解。倘然得不到別人來講解，那麼看完這本書後，於佛典的特別名詞和理教，已經知道一點，就可拿法相宗的兩部入門書，先下手研究，一部是《大乘廣五蘊論》，一部是《大乘百法明門論》。倘然能拿這兩部書研究一遍，就於佛典中的名詞，可以懂得一大部分。從這以後，再看別種經論，可以慢慢的瞭解。如今拿這兩部論的內容，介紹於下：

法相和法性的意義，前文已說過（第七章第三節）。法相宗的經論，可分兩大類：一種是從法相講到法性，就是先講色法，再講心法；一種是從法性講到法相，就是先講心法，再講色法。所以法相宗又可分做兩宗，前者叫法相宗，後者叫唯識宗。《廣五蘊論》，是屬於法相宗；《百法明門論》，是屬於唯識宗。

《五蘊論》是印度世親菩薩所做的，後來安慧菩薩又替它添些解釋，意義較廣，所以叫《廣五蘊論》。論中所講的，就是色蘊、受蘊、想蘊、行蘊、識蘊。色蘊是色法，識蘊是心法，這是從法相講到法性的。其中包含甚廣，宇宙萬有，都在色蘊裡面；八種心識和心的動作，都在其餘四蘊裡面。講完五蘊，復說十二處、十八界，佛典中重要名詞和緊要道理，大概都講到的。這論是唐朝時地婆訶羅翻過來，一向沒有人做過註解。著者從前用近代淺近文字，替它做過一部註，叫《大乘廣五蘊論註》（商務印書館出版），讀者看這部註，就於本文不難瞭解。

《百法明門論》也是世親菩薩所做的，內容是問答體，講一百種法，兩種無我。一百種法，裡面九十四種，是生滅的有為法，六種是不生滅的無為法，教人脫離有為而進入無為。卷末講世間無生命的法，和有生命的人，都是生生滅滅，變遷不停，自己絲毫沒有主宰，實在是無我，叫做人無我、法無我，就是兩種無我。書中講有為法時，先講心法，再講色法，是從法性講到法相，材料仍不出蘊、處、界三科，可和五蘊論互相發明的。這論是唐朝時玄奘法師所譯，他的弟子窺基做註解，叫《百法明門論解》。後來人做的註疏，還有好幾種。這樣有註解的本子，各地佛經流通處都有出售，比較《廣五蘊論》向來無人註過，卻恰相反。可惜舊註文字太深一點，然都可以做參考的。

以上兩部論，不單是法相宗的入門書，並且為研究各種經論的入門書，這是什麼緣故？因為法相宗講宇宙萬有的一切法，比各宗來得詳細，所以包含的名詞最多。研究經論第一重難關在名詞，那麼從這宗入手，懂得名詞的大部分，再看他種經論，可以減卻許多困難了。

既得入門以後，就應該研習各種經論，或專門研究一宗的經典，看各人的性質近於何宗，就習何宗，不必拘泥。如今再將佛學入門書目表列於下方：[44]

44 本書成於民國初年，其所列之佛學入門書皆為當時之作，距今已有相當年代，除少數著作，多數書籍已絕版不流通。近代佛學興盛，相關入門書出版者眾，本書特別就近年出版的佛學入門書做一推薦整理，列於附錄三，以便於讀者參考。

佛學入門書目表

書名	冊數	出版處	內容
總論			
佛教問答 佛教問答選錄	合一冊	商務印書館	是書將佛教名詞及要義，用問答體裁說明之，極便初學。
佛學淺測	一冊	佛學書局	是書以淺近文字，敘述佛教奧義，並詳解大小乘十家宗派。
佛教初學課本	一冊	南京延齡巷 金陵刻經處	是書敘述佛教之緣起及各宗派，淺近詳實。
佛學概論	一冊	中華書局	是書分為三編。第一編緒論，述佛教之由來及分派。第二編本論，述教理與解脫。第三編各論，述大小乘宗派。
十宗略說	一冊	金陵刻經處	略述大小乘十家宗派。
佛教研ー究法	一冊	商務印書館	指示佛教實際研究方法，分藏經、佛傳、教史、教理四部。
佛法與科學之比較研究	一冊	開明書店	此係科學家王季同所著，用科學證明佛學，極其精切。

歷史部			
印度佛教史略	一冊	商務印書館	敘述印度佛教之史實學理，頗簡明，並多插圖。
中國佛教史	三冊	同上	從佛教傳入中國以至現代，其中盛衰變遷之跡均敘述詳盡，便於讀者。
佛教史表	一頁	支那內學院	用歷史眼光，考定佛教流傳之年月。
華嚴部			
華嚴普賢行願品疏節錄	一冊	北平佛經流通處	此為華嚴經普賢行願品最後一卷，為華嚴之關鍵，節錄疏文，以便學者。
華嚴原人論合解	一冊	南京金陵刻經處	述人生之由來，比較儒道二家之說，以佛教為歸宿。
華嚴要解	一冊	北平佛經流通處	解《華嚴經》之要義。
方等部			
圓覺經講義	二冊	商務印書館	是書為諦閑法師所編，解釋詳明。
圓覺經親聞記	二冊	同上	是書為江杜、蔣維喬等，聽諦閑法師講經時之筆記，可與講義合看。
金光明最聖王經	三冊	天津刻經處	此經顯密互發，文義具足，最能引起學佛者之興趣。

維摩詰經折衷疏	三冊	金陵刻經處	註釋簡要。
淨土部			
淨土五經	一冊	金陵刻經處	淨土宗之《無量壽經》、《觀無量壽佛經》、《阿彌陀經》、《普賢行願品》、《楞嚴經念佛圓通章》，五經合刻。
淨土十要	九冊	同上	此書為淨宗之菁華，修持之軌範，修淨業者不可不讀。
淨土聖賢錄	三冊	同上	此書蒐集自佛出世以至最近念佛往生者之事略，頗為完備。有志淨業者，讀此足資模範。
阿彌陀經白話解釋	一冊	上海佛經流通處	此書為黃涵之取古法註疏，用白話解釋，為接引初機之第一善本。
往生論註	一冊	同上	此書依原刻本印行，談淨土往生之事實。
印光法師文鈔	二冊	商務印書館	書中多談淨土，發人深省。
法相宗			
略述法相義	一冊	南京金陵刻經處	談法相之要義。

略述百法義增註	一冊	北平佛經流通處	就略述法相義中，僅取百法，為之增註。
唯識抉擇談	一冊	南京支那內學院	談唯識之要義，多獨到處。
唯識講義及筆記第一、二卷	各一冊	同上	此係歐陽竟無居士，為學者講成唯識論之八段十義而作，其筆記則聽講者隨時所記也。
相宗綱要	一冊	商務印書館	詳釋相宗之名詞及要義。
解深密經註	三冊	南京金陵刻經處	學法相者以此經為宗。
佛說大乘稻芋經（附隨聽疏）	一冊	商務印書館	此從唐人寫經中錄出，頗便初學法相者。
性相通說	一冊	南京金陵刻經處	會通性相二宗之義。
百法明門論解疏、大乘五蘊論、廣五蘊論	合一冊	同上	百法明門論、五蘊論，為學法相者初入門之書。
相宗八要直解	二冊	同上	取相宗八種要典，加以解釋，雖不免訛誤，然便於初學。
大乘廣五蘊論註	一冊	佛學書局	五蘊論向來無註，讀者頗感困難，此書以淺近文字，解明奧義。

聲明略	一冊	南京支那內學院	印度有五明之學，聲明是其一種，我國翻譯未完備，此書可補其缺。
般若部			
心經、金剛經宗泐註解	一冊	南京金陵刻經處	解釋簡明，最便初學。
心經六家註	一冊	商務印書館	擇註解之精當者，彙為一編。
般若綱要	四冊	北平佛經流通處	詳述《般若經》之要義。
心經口義記	一冊	潮州義安路震旦密教重興會	解釋簡明。
法華涅槃部			
法華擊節綸貫	合一冊	北平佛經流通處	《法華經》文義淵深，此書解釋較簡便。
妙玄節要	二冊	同上	節取智者大師《法華玄義》而成此本。
涅槃玄義	一冊	南京金陵刻經處	開為五重，説《涅槃經》之大義。
祕密部			
楞嚴貫攝	四冊	上海佛經流通處	《楞嚴經》註解甚多，此解詳略適當。
顯密圓通	一冊	南京金陵刻經處	會通顯教密教之旨。

菩提心論教相記	一冊	同上	談密宗觀心之法。
密教綱要	二冊	南京金陵刻經處	詳述密教之綱領。
密宗要義	一冊	上海佛經流通處	於密教之要義，敘述精當。
祕藏寶鑰	一冊	上海佛經流通處	即十住心論之節本。
真言宗付法傳	一冊	同上	述密宗自西土入中國之師承。
大乘論			
大乘起信論講義	二冊	商務印書館	此書以近來文字，解釋起信奧義，頗便學者。
禪宗			
禪關策進	一冊	南京金陵刻經處	説禪關中精進之法。
證道歌註	一冊	同上	説禪門證道之事。
六祖壇經	一冊	北平佛經流通處	禪宗之第六祖慧能，自述用功得力之處。
天台宗			
童蒙止觀 六妙法門	一冊	南京金陵刻經處	欲學止觀，可以此書為入門。
教觀綱宗	一冊	同上	簡要不繁，便於初學。

隨自意三昧	一冊	天津刻經處	説明隨時修觀之法。
三論宗			
三論宗綱要	一冊	商務印書處	説三論宗之沿革、宗綱、教理，簡明易曉。
參考書			
重訂教乘法數	六冊	南京金陵刻經處	將佛經中名詞，以數目編列解釋之，便於檢查。
翻譯名義集	六冊	同上	內分六十四類，以梵語詳華言，並釋其義。
大明三藏法數	十六冊	北平佛經流通處	編次方法，與教乘法數相同，而尤為詳備。
佛教小辭典	一冊	上海醫學書局	藏經中專門名詞，蒐集頗備，解釋亦當。
佛教大辭典	十六冊	同上	此為現在比較詳備之佛教辭書。

【問題】

一、古來有佛教的入門書否？
二、印度國民何故缺乏歷史觀念？
三、佛教最後目的是什麼？
四、經典的共同原理是什麼？
五、什麼叫蘊、處、界？
六、有為法和無為法的分別？

第十章　佛家的修行方法

第一節　戒、定、慧三學

前文第四章裡，曾說過釋迦的根本教法，是苦、集、滅、道四諦。我們既已知道人生是苦果，今生所以結成這苦果，是前生所造的業和煩惱聚集成功的。我們如果聽其自然，順著生生死死去輪轉，也就罷了，倘若要超出這苦海，解脫生死的苦痛，就不能不講修行方法。這方法就是四諦中的道諦，叫「八正道」（見本書第四章第二節）。

要實行這八正道，有一定的下手次序，就是戒、定、慧三種學問。

戒學

什麼叫「戒學」呢？人們的動作，總不外乎身、口、意三業，戒就是防止惡業而定的規條。釋迦在世時，因為防止弟子們有作惡的行為，立下種種戒條。

釋迦滅度後，優波離誦出戒律（見第五章第一節），成為定制，就有律藏。以後分派愈多，條文細密，比丘有二百五十戒、比丘尼有三百四十八戒，成了專門的學問。但是戒條儘管繁多，都從根本的五戒推演而出，所以我們只要知道創立五戒的本意，就得到戒學的要領了。

五戒名目：

第一，是不殺戒。人類和畜生，同是有生命的動物，如今為貪自己的口腹，殺害他物的生命，來滋養自己的生命，論情論理，都說不過去。然而人們竟因向來習慣，視為固然，豈不可怪？昔願雲禪師[45]有云：「數百年來碗裡羹，冤深如海恨難平；欲知世上刀兵劫，須聽屠門半夜聲。」何等痛切。動物被人類宰殺，不過力量不敵，無可如何，懷恨報復的念頭，何嘗沒有。這是佛家第一要戒殺的意思。

第二，是不盜戒。物各有主，不是我的，何可妄想竊取，這理人人都易明白。但是立戒的本旨，是對於他人之物，絲毫不生一點妄取的念頭。譬如公家的物件，無論一張紙、一枝筆，不是公事，也絕不濫用，這就不容易了；這樣

45 原作「顛雲禪師」，疑有誤，應是明朝願雲禪師。

方算是不盜。

第三，是不邪淫戒。我們投胎做人，就是因為父母的淫欲而來，所以淫欲是生死的源頭。如今要超脫生死，當然要在根本上解決，所以要戒淫。出家人簡直斷絕淫欲，立戒格外的嚴，就叫「不淫戒」。若是在家人，都有妻室，不容易立刻斷除，故立下「不邪淫戒」，就是除自己妻室外，不可對他人妻女，有邪淫的行為，叫做不邪淫。

第四，是不妄語戒。離開事實，妄造虛言，這種顛倒是非，誑惑眾聽，是最不好的行為，也是人們最容易犯的毛病，所以要立這戒。

第五，是不飲酒戒。飲酒足以亂性，令人昏亂，就是照現在衛生家說話，飲酒也是有害無益的。再推廣的說，釋迦在世時，還沒有吸煙的風俗，所以不曾立不吸煙戒，照現在的習俗，應該立不飲酒、不吸煙戒才是。

前文曾經說過人們的根本煩惱，是貪、瞋、癡（見第四章第二節），一切煩惱，都從這而出，所以叫「三毒」。三毒先以意思做動機，然後發現於身的方面，而為殺、盜、淫的惡業；發現於口的方面，而為妄語的惡業；發現於身、口兩方面，而為飲酒的惡業。可知五戒，就是對症發藥，治這三毒的毛病。

不殺是戒瞋的，因為凡是殺念，總是由瞋而起的。不盜所以戒貪，凡盜念總是由貪而起的。不淫所以戒癡，男女的慾，總是由癡而起的。不妄語是兼戒貪癡，大概妄語無非是想隱藏自己罪惡，或想詐取名利。隱藏是由癡而起的，詐取是由貪而起的。

這貪、瞋、癡三毒，是人們有生以來，本性固有，對此立不殺、不盜、不淫、不妄四戒，是治本性的病，所以這四種叫「性戒」。至於飲酒雖和貪、瞋、癡也有關係，但是因後天的欲望而起，不是本性所固有的，所以飲酒一戒，叫做「遮（禁也）戒」。

人們果能實行這種戒學，自然煩惱慢慢減輕，去惡進善，自有把握，所以學佛第一要從戒入手。

定學

什麼叫做「定學」呢？

定是治心的最要功夫，人們的身心苦果，既然是業和煩惱所聚集的因所造成的，可知要解脫苦果，先要斷苦因。業和煩惱，無非從心發生，試返觀我們的心，是怎麼樣情況？那是前念去、後念來，念念相續不已的無數妄念就是了。於此可下斷言，人們生死的根本（因），就是這個妄念。既已明白這理，所以治心功夫，是最要緊沒有的了。

戒學既除掉身、口方面的惡業，定學就專從心的方面下手。下手的方法，大概可就預備及實行兩段，略說一說。

一、預備

預備以環境為先，當擇寂靜的地方，免得紛亂心意，所以出家人住的寺院，多在名山。我們在家人，不能入山，但在家中擇一間淨室，也就可以得到相當的環境，然後先用調身、調心的功夫。

身的方面：飲食宜有節，不宜多，睡眠宜有一定時間，大概以八小時為度。平時舉動，勿可粗暴，使氣血平和，肢體愉快。

心的方面：妄念用事，從吾人有生以來就是這樣。所謂意馬心猿，要它調伏，真是不易，然不可怕難，慢慢做去，久後自然有效果。須知我們的動作，不外行、住、坐、臥四種威儀。除臥時我們沒有把握外，其餘行、住、坐三威儀，我們要時時刻刻留意，不要聽它胡思亂想，如治亂麻，耐性徐徐理之，自有頭緒。

二、實行

就是每日早晨或晚上，到靜室中去打坐。這也要在身、心兩方面注意。

身的方面：應置一方凳，上鋪厚軟的墊子，臀部再墊高一、二寸，然後盤足端坐於上，或用右腿加於左腿，或用左腿加於右腿，都可隨便。左右手交握，安於小腹的下方。腎囊要懸空，勿使受壓。

心的方面：就要一切放下，把妄念掃除乾淨，只存一個正念，猶如明鏡，不染一塵。初學的人，於這種功夫最難下手，但有一種簡便方法，就是「數息法」。鼻端的氣，一出一入，叫「一息」，入坐以後，怕心意散亂，就可留意一出一入的息，第一息數個「一」字，第二息數個「二」字，如是一直數到「十」字，再回轉來數「一」字。循環默數，自一至十，一點不亂，念頭全注在數字上，紛亂自然可免。況且息是屬於身的方面，數是屬於心的方面，今用這法，可使身心自然合而為一。這法是初習定學的人，最合適的。要知道定學的詳細情形，可參看我的《因是子靜坐法》[46]。

慧學

什麼叫慧學呢？這「慧」字極難說明，因為是定力所生的大智慧，到這地步，就能斷妄惑（妄念自然不生）、證真理，不是我們平常的小智小慧。我們沒有由定生慧的功夫，要來說這慧學，如何能明白呢？然而不說又不可，姑且

46 蔣維喬先生曾撰寫《因是子靜坐法》（商周出版，《你可以自己學靜坐：因是子靜坐法》）一書，細述半生靜坐的體驗，從靜坐姿勢入門，詳述靜坐的步驟和每個階段的身心反應，並以問答的方式解答學習靜坐者的問題，文字白話，極為淺顯易懂，便於初學者學習。蔣氏於民國初年出版此書，風行百年，至今仍是許多學習靜坐者必備的入門書。

略說它的本體，再用譬喻以為證明。

原來我們的心，固然是妄念用事，然而我們的真心是不動的，不過被妄念遮蔽，真心就不能發露了。譬如明鏡，被灰塵所遮蔽，好像失掉照物的作用，其實鏡的本體毫無欠缺，只須把灰塵拂拭乾淨，鏡體就仍舊發光，照物無遺了。

真心也就像這樣，當妄念用事時，如鏡被塵蔽，真心完全隱藏。我們若用定學掃除妄念，歸到一個正念，久而久之，妄念脫落，真心的靈光自然顯露，這時也如明鏡照物無遺，這就叫做慧學。

戒、定、慧三學，是佛家的根本功夫。三藏中的律藏是講戒學的，經論是講定慧的。小乘從四諦用功，道諦中的八正道，就是戒、定、慧；大乘菩薩的六度（見第四章第二節），也是戒、定、慧。今以下表示之。

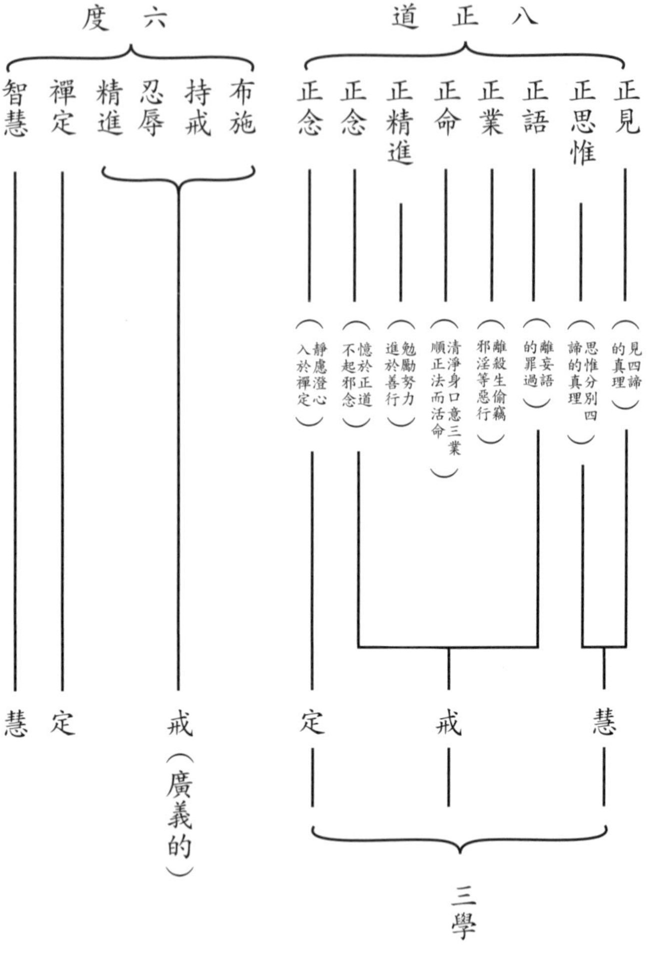

六度
布施
持戒
忍辱
精進
禪定
智慧
戒（廣義的）
定
慧
八正道
正見
（見四諦的真理）
正思惟
（思惟分別四諦的真理）
正語
（離妄語的罪過）
正業
（離殺生偷竊邪淫等惡行）
正命
（清淨身口意三業順正法而活命）
正精進
（勉勵努力進於善行）
正念
（憶於正道不起邪念）
正念
（靜慮澄心入於禪定）
慧
戒
定
三學

第二節　禪觀

禪是靜慮，觀是觀心，實在就是指定學。但各宗都依據定學，各倡本宗的禪觀方法，禪宗並且專以禪觀成為一宗，所以應另立一節，加以說明。

各宗的禪觀，如三論宗的「實相觀」、法相宗的「唯識觀」、天台宗的「止觀」、華嚴宗的「法界觀」，倘若一一詳說，恐佔篇幅。況且三論、法相兩宗的觀法，現在已無人能修，近乎失傳，就是天台、華嚴兩宗的禪觀，實際上也很少修習的人。如現代宏揚天台宗的諦閑法師，所傳教義雖是天台，自己修習，也從參禪得力，晚年且專修淨土，並未從事止觀，而現在宏揚華嚴宗的應慈法師[47]，所傳教義雖是華嚴，他率領弟子在禪堂用功，也完全是禪門方法。可見現在只有禪宗，尚有歷代祖師相傳的禪觀，遺風未墜。著者專就禪宗說禪觀，也是事實上應該這樣，不單為減省篇幅而然。

47 應慈法師（西元一八七三～一九六五年），安徽人，法號顯親，晚年別號拈花老人。因幼時母親篤信佛教，親近佛法，中年出家，初學禪宗，後自習華嚴教法，畢生以弘揚華嚴為志，於各地興建華嚴學院，培養弘法人才。

小乘禪的傳入中國

禪觀自漢末到現在，也經過多少變遷，漢末安世高所譯許多禪經，都屬小乘禪，其中所說的法門，大致不出「四念處」、「五停心」等類。

四念處就是觀身不淨、觀受是苦、觀心無常、觀法無我四種。我們既要脫離這苦果，應該返觀自身，內儲糞穢，外多汙垢，遍體是不乾淨的，就生厭離思想，這叫觀身不淨。

我們感受順境就快樂，感受逆境就苦痛。仔細觀察，完全為外境所轉移，實則各種感受，無非是苦，這叫觀受是苦。

我們的心，一念生、一念滅，相續不已，沒有一秒鐘停止，這叫觀心無常。世間一切事事物物，都是生生滅滅，了無主宰，這叫觀法無我。

五停心就是多貪不淨觀、多瞋慈悲觀、多散數息觀、愚癡因緣觀、多障念佛觀五種。

人們貪、瞋、癡等煩惱，各有偏重，五停心是就各人偏重的煩惱，對症發藥，叫他停心作觀。如多貪淫的人，叫他做不淨觀功夫，觀男、女的身，都是十分不乾淨，於是貪念自然漸漸減少，所以說多貪不淨觀。

如多瞋怒的人，叫他自已返觀，我與眾生都是平等，既然平等，何可發怒，損害他人？慈悲的念頭就會起來，所以說多瞋慈悲觀。

人們要進靜室，用打坐功夫，起初大都心意散亂，不能入靜。下手方法，莫妙於數息，前文講定學時已說過了，這就是多散數息觀。

對於世間的事事物物，不曉得它是內因外緣湊合而成，了無實在，總以為是實在有的，因此就生執著，不肯放捨，這是愚癡。治這愚癡病，要他知因緣湊合的道理，所以說愚癡因緣觀。

還有一種業障深重的人，想要修行，就生出種種障礙，叫他修不成。這種人自已力量不夠，要仰仗佛力來幫助，所以說多障念佛觀。

這種小乘禪法從漢末流行到東晉，因為方法上面多冠以「四」、「五」等數字，就通稱為「禪數之學」。

大乘禪的傳入中國

到東晉時，佛陀跋陀羅譯出《達摩多羅禪經》，姚秦的鳩摩羅什，譯出《坐禪三昧經》、《思惟略要法》等，大乘禪就傳入中國。以一切諸法都是因緣所生，畢竟是個空相，從這著力以修禪觀，比小乘進一步，故也稱為「菩薩禪」。

六朝劉宋時，菩提達摩到中國，倡不立文字的禪觀，從此禪觀就自成一宗了。達摩教弟子，既是以心傳心，所以他的方法怎樣，難於詳考。

傳到第五祖弘忍，他的門下有兩大弟子，名神秀和慧能。神秀才學很高，大眾佩服，慧能並不識字，在碓房[48]裡工作，身操賤役。有一天五祖令弟子各依自己見解做一偈文，看看他們的功夫怎樣？神秀就做一偈道：「身如菩提樹，心如明鏡臺；時時勤拂拭，勿使惹塵埃。」拿此偈貼在大眾共見的地方，眾人個個都歎服。剛剛慧能從碓房走出，問眾人議論的什麼？眾人於是拿此偈文讀給他聽。慧能說這偈不好，眾都笑他，他就口頭改成一偈說道：「菩提本無樹，

48 碓房，指舂米的作坊。

明鏡亦非臺；本來無一物，何處惹塵埃！」照他的見解，真合達摩直指人心的本旨，所以弘忍就傳法給他，稱為第六祖（見《六祖壇經》）。

神秀的用功方法，慢慢地拿心中妄念拂拭乾淨，是漸進的；慧能的用功方法，豁然悟到妄念本來沒有，用不著去拂拭，是頓悟的。後來神秀的漸法行於北方，稱「北漸」；慧能的頓法行於南方，稱「南頓」。禪宗就分南北兩派，南禪後來又分五派（五派的名詞，見第七章第三節）。

坐禪與參禪

禪宗的禪觀，無論小乘禪、大乘禪，起初都拿坐禪為主。坐禪是盤膝端坐，心中不思善、不思惡，脫卻迷悟生死的妄念，達到安住不動的境界。到宋朝臨濟宗盛行，改用參禪的方法，叫做「參話頭」，就是抱定一句沒有意味的話頭，如「唸佛是誰」或「父母未生我以前的本來面目」，不論行、住、坐、臥，總是咬定這句話頭，絲毫不放鬆，極力參究，自有豁然貫通、心境開明的一天，就是悟道。這種禪觀法門，簡單直捷，所以到如今，我國臨濟宗的大叢林，還是沿用這法。

禪觀的悟道境界，究竟是怎樣？這難以筆墨形容得出。大概功夫到純熟時，知情意的作用均不復起，一切妄念頓然消失，鼻端呼吸氣息，也幾幾乎斷絕，這時唯有一片光明，內面看不見身心，外面看不見世界，悟道的光景，就是這樣。

第三節　唸佛

唸佛是淨土宗的法門，但是現在天台、華嚴各宗都注重唸佛，就是禪宗也要禪淨雙修。這可考見禪、淨兩宗，最適合於我國社會，比較他宗獨盛的緣故，所以唸佛方法，也另立一節來說明。

定心唸佛與別時唸佛

淨土宗在東晉慧遠初創立時，也兼用禪觀，並非專唸阿彌陀佛的名字。有所謂定心唸佛、別時唸佛法門。

定心，是心中默想佛的相貌、佛的威德，就是禪觀。別時，是指一定的時間，如白天三時、夜間三時，於這一定時間，心想佛在面前，口唱佛名，由此想到將來往生西方佛國。這是慧遠傳下的唸佛法門。到唐善導大師，專為接近下級人民，所以單用持名（口唱「南無阿彌陀佛」）的方法。愈簡單，愈容易普及，一直傳到如今，全國學佛的，差不多十分之八九都用這法。

觀想的方法

我們要說明這方法，應該拿觀想和持名兩種分別來說：《觀無量壽佛（無量壽佛即阿彌陀佛）經》中，有十六種觀法，說觀想最為詳細。今節錄於下：

第一，日想：正坐西向，諦觀落日，令心堅住，專想不移，見日欲沒，狀如懸鼓，既見日已，閉目開目，皆令明瞭，是為日想觀。

第二，水想：見水澄清，亦令明瞭，無分散意；既見水已，當起冰想，見冰映徹，作瑠璃想；此想成已，見瑠璃地，內外映徹，是為水想觀。

第三，水想成時，觀之明瞭，閉目開目，不令散失，如此想者，名為麤（同「粗」字）見極樂國土，是為地想觀。

第四，次觀寶樹，行行相當，葉葉相次，於眾葉間，坐諸妙花，湧生諸果；

見此樹已，莖、枝、葉、華、果，皆令分明，是為樹想觀。

第五，八功德水想（一澄淨，二清冷，三甘美，四輕軟，五潤澤，六安和，七飲時除饑渴，八飲後能長養諸根）：極樂國土，有八池水，一一水中，有無數蓮花，是為八功德水想觀。

第六，國土之上，有五百億寶樓，其樓閣中，有無量諸天，作天伎樂，又有樂器，不鼓自鳴。此想成已，名為麤見極樂世界寶樹、寶地、寶池，是為總想觀。

第七，於寶地上，作蓮花想，一一葉上，皆放光明，其光如蓋，遍覆地上，此蓮花臺，眾寶真珠，以為校飾，於其臺上，自然而有四柱寶幢，是為花座想觀。

第八，次當想佛，先當想像，閉目開目，見一寶像，身作金色，坐彼花上。見像坐已，心眼得開，了了分明，見極樂國。復作一大蓮花，在佛左邊，想一觀世音菩薩像，坐左花座；復作一大蓮花，在佛右邊，想一大勢至菩薩像，坐右花座。此想成時，佛菩薩像，皆放光明，名為麤想見極樂世界，是為像想觀。

第九，當觀無量壽佛，身相光明，眉間白毫（白毫光），右旋宛轉，佛眼青白分明。彼佛圓光，遍照十方世界，是為佛真身想觀。

第十，次應觀觀世音菩薩。身紫金色，頂有肉髻，項有圓光，舉身光明，照十方國，以手接引眾生，是為觀世音菩薩想觀。

第十一，次觀大勢至菩薩。此菩薩身紫金色，亦如觀世音，有緣眾生，皆悉得見，是為大勢至菩薩想觀。

第十二，見此事時，當起自心，生於西方極樂世界，於蓮花中，結跏趺坐（即盤膝坐），作蓮花合想、作蓮花開想。蓮花開時，有五百色光，來照身想；眼目開想，見佛菩薩，滿虛空中。見此事已，名見無量壽佛極樂世界，是為普想觀。

第十三，若欲至心生西方者，先當觀於一丈六像，在池水上，如先所說無量壽佛。於十方國，變現自在，或現大身，滿虛空中；或現小身，丈六八尺，所現之形，皆真金色。觀世音菩薩及大勢至菩薩，助阿彌陀佛，普化一切，是為雜想觀。

第十四，上品生觀。

第十五，中品生觀。

第十六，下品生觀。

十六種觀分四個段落

這種觀心方法，就可為淨土宗的禪觀。十六觀中間，可分四個段落：

從第一觀到第六觀，是第一段，此觀想極樂國土。這國土在西方，所以先從落日觀起。國土在池水上，故從落日而觀到海水，由水而冰，漸漸變成瑠璃地，是極樂國土，已現在前面。然後觀樹、觀水、觀佛所居的樓閣，這極樂世界，就完全現前了。

從第七觀到第十一觀，是第二段，是觀極樂世界中的佛菩薩。佛菩薩都坐在蓮花座上，所以從下面觀起，先見花座，再想我們習見的佛菩薩塑像，坐在花座上面。觀想明瞭，然後移到無量壽佛、觀世音菩薩、大勢至菩薩的真身觀。

第十二觀到第十三觀，是第三段，就是想自己往生極樂國土，趺坐在蓮花中間。起初蓮花完全閉合，如在母胎，到蓮花一開，有佛光來照，眼目開明，看見佛菩薩，這就是往生成功，花開見佛。然後重複觀想佛菩薩，或在池水上，或在十方，變化自在，普化一切眾生。

第十四觀到第十六觀，是第四段。因為修淨土的人，根器有利有鈍，功夫有深有淺，所以往生西方，也分上、中、下三品，每品中間，又分上生、中生、下生三品，共有九品。這最後觀想，是令修行人知道往生的品有高下，可以格外努力的意思。

持名的方法

次說持名。

執持阿彌陀佛名號，方法雖簡單，然而也有好幾種。就唸佛的方法而說，有覺性唸、觀相唸、持名唸三種。

覺性唸，就是唸佛時，迴光返照（即閉目觀心）自己的本性，本來同佛沒有兩樣。唸到一心不亂，念念相應，這心就是佛了。《華嚴經．兜率偈讚品》：「以佛為境界，專唸而不息，此人得見佛，其數與心等。」這四句文，是說心中拿佛做對象，一心專唸不歇，久久就能看見真佛。一眾生唸佛，得見一佛；多眾生唸佛，得見多佛。見佛的數目，和眾生心的數目相等，這叫做覺性唸。

觀相唸，就是依《觀無量壽佛經》的觀法，觀想佛身淨妙，佛土莊嚴。心中觀想，口中唸佛，或是初學的人，直用塑像或畫像，對之作觀，專精唸佛，這都叫做觀相唸。

持名唸，就是不作觀想，專持佛名，也有高聲持、金剛持、默持的分別。（高聲持即）發出高聲，朗朗持誦，最易提起精神；默持剛剛相反，單是心中默誦，完全不動口舌；金剛持介乎高聲和默誦的中間，單動口而不發出聲音。這可就各人的性質所近，或時間和地方的關係，合宜於哪一種，就選用哪一種。這叫做持名唸。

就唸佛的聲音而說，有和緩唸、追頂唸兩種。

和緩唸，聲音是長而且緩的。先要拿心中一切妄念統統放下，然後提起一個唸佛的正念，鼻端一呼一吸的時間，唸一個「南」字，再一呼吸，再唸一個「無」字……如此逐字唸去，聲音極和極緩。

倘若旋繞佛像，一面行走，一面唸佛，可以一步唸一個字。雖然和緩，而一字一字，綿密不斷，這叫做和緩唸。

追頂唸，是唸「南無阿彌陀佛」一句剛完，第二句立刻追頂上去，中間不許有間斷，妄念就無從發生。或預定一天，自早至晚，唸個不歇。功夫純熟，可延長到兩天，更加增至七天、十四天、四十九天，唸到妄念脫落、虛空粉碎、大地平沉，一法不立，方算得手。

這法非精神強健、勇猛刻苦的人不能用，用時也要留心，不可十分高聲以傷氣，不可努力默誦以傷血。這叫做追頂唸。

就禪淨雙修而說，有禪定唸、參究唸兩種。

禪定唸，是坐禪而兼唸佛。當澄心靜慮，寂然不動時候，靜極而覺，就拿這覺心，默唸佛號。《坐禪三昧經》有云：「菩薩坐禪，不念一切，唯唸一佛，自得三昧（三昧就是定）。」就是說禪定唸佛。這是最上最穩的方法。

參究唸，是參禪而兼唸佛。於參究唸佛是誰，並參究這唸佛的心怎樣生？怎樣滅？怎樣去？怎樣來？參到盡頭，妄念逼搾乾淨，豁然開悟，同前文所說悟道境界，是一樣的。

大凡有知識的人，對於唸佛法門總要懷疑，以為近乎宗教的神話。著者在三十餘年前開始研究佛學的時候，也是這樣，後來明白了淨土宗的道理，方才覺到從前的懷疑，全然錯誤，如今拿這道理簡簡單單說一說。

原來我們這個身體，是無明妄心所造成，是虛幻的。這身體所憑依的環境，大地山河也是妄心所造成的幻境。何以見得呢？如果不是幻境，是真境界，應該不生不滅、常住不變，方算得是真。現在我們的身，從嬰孩到少年、到壯年、到老年、到死，是沒有一刻不變化的；心中前念去、後念來，也沒有一秒時不變化的。大地山河驟看好像是永久，實則也在那裡刻刻變遷，不過人們不能覺察，必要到火山噴火、地殼震裂、陵谷變遷以後，方才知道罷了。這等內而身心、外而世界，一切的幻境，既然都是妄心所造成，可見妄心是有生有滅的。而妄心所依而起的本體，那是真心，真心卻是不生不滅、常住不動的實境。

學佛是什麼作用？就是返妄歸真。既然一切幻境都是妄心所造，那麼學佛的下手方法，應該先來移動這個妄心，叫它慢慢地轉到真心。所以各宗的方法雖然不同，而掃除妄念，歸於正念，是共同一貫的。唸佛方法，就是收攝眾念，歸於一念，唸到一心不亂，真心發露，我們現在所住的惡濁世界，就立刻會變成極樂世界。一切唯心所造，絕對不是虛言。

至於前文所說十六種觀想，就是慢慢移轉妄心妄境，歸到真心真境的法門，目的和唸佛是同一的。古來唸佛功深，臨終得往生西方的人，歷史上不少實例。就是現在知友親戚中間，唸佛得到往生西方的人，耳聞目見，也不在少數，可見這法門的巧妙，能夠普及全國，實非無故。

第四節　持咒

咒字的意義

咒，是密宗所用的修行方法，梵語叫陀羅尼，譯為總持，有總一切法、持無量義的意思包含在裡面。佛法沒有到中國以前，本有一種「禁咒法」，能發神驗、除災患。傳佈密教的番僧，有時持誦陀羅尼，也能發神驗除災患，和禁咒法有相似的地方，所以翻譯為咒。《大智度論．卷五》云：「陀羅尼者，秦言（這論是姚秦時鳩摩羅什所譯，故稱華言為秦言）能持，或言能遮。能持者，集種種善法，能持令不散不失，譬如完器盛水，水不漏散；能遮者，惡不善根心生，能遮令不生，若欲作惡罪，持令不作，是名陀羅尼。」這是說持咒的力量，可以進善止惡。止惡作善的功夫，是修行下手最重要的。

《佛地論．卷五》云：「陀羅尼者，增上念慧，能總任持無量佛法，令不忘失。」這是說持咒最後可以成佛的功用。念是念頭，慧是智慧，持咒必定一念注定咒語，持誦既久，能發生智慧，所以增上念慧是增加正念和正慧。念慧既然增加，就能擔任保持無量佛法，令心中永久，就不致忘記遺失，最後就可以成佛了。

密宗的持咒，對於身、口、意三方面，都有一定的規矩。每一咒，都有用手指結印的方式，名曰「手印」，是為身密；口中誦咒文，句句分明，毫無錯誤，是為口密；每一咒，都有佛菩薩的對象，心中觀彼菩薩的種子字（以佛菩薩名字的第一個字母，代表佛菩薩的本體，叫「種子字」。如大日如來的種子，為阿字之類），是為意密。

因為修行的人身、口、意三方面，同入於祕密的境界，妄念自然可以不起，功夫久久純熟，就可以即身成佛的，這是密教修行和顯教不同的地方。然而顯教的經典中，附有咒語的也很多，如普通所唸的《大悲咒》、《往生咒》等等，它的功用，和密宗沒有兩樣。不過顯教修行，是拿持咒做助力的，密宗是拿持咒做主體的。並且密宗的咒有手印、有觀相，必定要阿闍梨（軌範師）親口傳授，方有效力；顯教持咒，不必一定用手印觀相，可以隨便傳授，這是顯密兩教持咒方法不同的地方。

【問題】

一、戒、定、慧三學的內容？
二、性戒、遮戒怎樣分別？
三、定學如何預備？如何實行？
四、小乘禪和大乘禪怎樣分別？
五、禪宗南、北兩派何時所分？
六、坐禪、參禪的分別？
七、定心唸佛、別時唸佛的分別？
八、持名的方法如何？

九、觀想法有幾種？
十、十六觀分幾個段落？
十一、咒字是何意義？
十二、顯密兩教持咒如何不同？

第十一章　結論

全書的旨趣

這部書已經完成，應該拿全書的旨趣，做一篇結論。

這書第一章，是佛學的界說。第二章說佛教的來源。第三章到第六章說佛教成立的背景，和釋迦生前生後佛教內部外部的變遷盛衰，都是關於印度方面的史實。第七章第八章，是說佛教傳入中國方面的史實。第九章是說研究佛教的方法。第十章是說佛家實地修行的方法。

佛教最大目的，是教人修行，超脫生死苦痛。無論研究歷史、研究教理，都是為修行的預備，所以拿這章列在最後，就是全部的歸結。

【問題】

試就第一章至第十章，說明其旨趣？

附錄

附錄一：佛學大意

蔣維喬

昔在上海商科大學演講佛學大意，學生筆記稿未經鄙人檢定，遂在《申報》發表，《海潮音》、《居士林》等雜誌亦輾轉登載。因見其中不免錯誤，故改定之如此，蔣維喬誌。

中國向有儒、釋、道三教。實則儒家是否是宗教，尚未有定論。道家淵源於黃老之哲理，三代秦漢之時，極為盛行，至後漢張道陵託老子之道教，實非道家之真面目也。佛教自漢時入中國，勢力甚大，哲理亦深，今流傳之《藏經》有八千餘卷，其教義之精博，世界宗教莫與比倫，誠極高等之宗教也。近代研究佛經者，自安徽楊仁山（即第八章第一節所說之楊文會）先生始。先生曾以私財收藏經典，加以校訂，創設金陵刻經處，刊印單行本，以惠後學。吾儕得略窺秘奧，皆先生之賜也。

佛經極不易看，因其中術語太多，且其文由梵文譯成，梵文文法之排列與中國文法相反，故譯成之經另有一種文體。初讀佛經，遇難解之處，不必退縮，無論了解與否，依舊向下讀，讀得多，自會領悟，大約了解一、二部，便可漸漸推及其餘。

今欲講佛學大意，第一須明白佛教的目的。佛教的目的，在明心見性。心有二門：一真一妄。真心不生不滅，常住不動；妄心忽生忽滅，變動不已。佛教的目的即是使我心反妄歸真，造乎不生不滅境界。我等現在所住之境，俱是虛妄不實，何以故？譬如桌子放在此地，好像是實在不動，但是組成它的原子，相互之間變動甚速，絲毫不停，變久則壞，到了後來，腐朽不堪用矣。吾人身體亦然，從生理上講，人身為十四種原子合成，原子組作細胞，無數細胞集合而成身體。此細胞隨吾人言語動作，逐漸分裂消耗，再由吾人攝取之食物，經胃腸之消化，變為血液，發生新細胞以補充之。此細胞之消耗與補充，新陳代謝、密化潛移，剎那不住。試取鏡照面，則見我少年時，已非幼時面目，壯年時已非少年面目，至老年則血枯皮皺，面目全非矣，是即新陳代謝之作用也。故就生理上計人身新陳代謝之作用，不過七年，全身必另換一個，特其變遷微細，吾人不自覺耳，此吾身生滅之現象也。

大凡世間一切物，在生滅之中者，皆是虛妄不實，豈但吾身如此，吾心亦然。試反觀之，則覺千端萬緒之妄念，倏生倏滅，刻刻不停，此妄念是攀援性，由甲至乙，由乙至丙至丁，以至無窮。學佛之目的，即在息此妄念，歸於真念。但妄念之外，並非另有一真境。妄念生時，是為妄境；妄境息時，即為真境。譬如大海風平浪靜，此海之真相也；風起浪興，則海之妄相也。風浪息，則海之真相可見，並非風浪之外另有一海相。吾心妄念一息，即是真心，亦非妄念之外，另有真境。所以佛家之用功，重在息妄。妄心息，即真心之名亦不必存在矣。

今之生理學上，分心為知、情、意三分。佛家則分為八識，比較精細。眼、耳、鼻、舌、身為前五識，第六意識，第七末那，第八阿黎耶。眼、耳、鼻、舌、身、意為六根，其所對之色、聲、香、味、觸、法為六塵，眼、耳、鼻、舌、身、意及色、聲、香、味、觸之意義，均較易明。唯法之意義，並非法律法規之謂，乃指一切有形無形之事物，為意識所想得到者而言。因天地間一切事物，俱有一定秩序，故名之曰法。末那之意義為執我。執我，為一切罪惡之根源。吾人之我見，乃自有生以俱來。譬如小兒自母胎出生，就知吃乳，雖為一種衝動，然已知有我身在，欲營養之，此即執我也。阿黎耶之意義為含藏。譬如吾人，能追記往日或數十年前之事，即阿黎耶之功用也。真心是不生不滅，由真起妄，如海起風，故稱識浪。前七識之識浪，皆依第八之阿黎耶，故阿黎耶為妄心之根本。佛家反妄歸真，即轉變此阿黎耶，成一種真智慧，而超脫此生死大海是也。

佛學之目的既明，須當研究其方法。方法可分兩大類：一為世間法，一為出世間法。世間法與他種宗教一樣，其法極簡易，可用四句來包括，即「諸惡莫作，罪善奉行，自淨其意，是諸佛教」四句，無非教人行善止惡而已。出世間法，則有大乘小乘之別，此乃佛當時看各人根器不同，為之分別說法。小根器者，聞之而成小乘；大根器者，聞之而成大乘。非佛法本有大小也。

小乘分聲聞、緣覺兩種，大乘只菩薩一種。由菩薩再進，即為佛。佛為「聲聞」所說之法名四諦，即苦、集、滅、道。諦者，審諦不虛之道理也。平常人往往思避苦就樂，但不知苦與樂究有何分別。其實苦與樂，皆以感受環境而起者。境有順有逆，過順境則樂，遇逆境則苦，兩者原無分別，何以故？今可以苦樂發生的時間說明之。凡時間有生時、住時、滅時，譬如患病，當病初起為生時，正在病中為住時，則生住二時皆苦，然至病滅時則樂。又如聽音樂，初聽為生時，正聽為住時，則生時住時皆樂，而音樂滅時，則有曲終人散之感，而為苦矣。可見世間所感苦樂，唯以時間之長短而分，生住二時皆苦為苦，生住二時皆樂為樂。實則，苦樂不外一種感受，並無分別。吾人之身，苦多樂少，生老病死，時時刻刻無不為無常所變遷。唯愚癡的人，往往不明白，必須見佛聞聲而後能悟，故名聲聞。吾人之生老病死，苦多樂少，是為苦諦。但生老病死，是吾人今生所得之果，是免不了的。既是果必有因，遂進而求宿世之因，其因為何？即為無明煩惱。由煩惱造業，能集起未來苦果，是為集諦。吾人既知其因，不得不求一種方法以滅之，是為滅諦。欲入此滅諦，必先修佛道，是為道諦。此即聲聞所修之四諦法也。

佛為緣覺所說之法，名十二因緣。十二因緣，為無明、行、識、名色、六入、觸、受、愛、取、有、生、老死。無明及行，為過去因能生現在受苦之果。無明，癡暗之意。行，造作之意。識、名色、六入、觸、受五者，為現在之果。識，為初託母胎，最初所起之一念。名色者，名是心，色是身，胎中形體未備時之稱。六入者，胎中所成六根，將有所入也。觸者，出胎後，六根對六塵有所接觸也。受者，能領納當前境遇，逆則苦，順則樂也。愛、取、有，為現在之因。愛為貪戀財、色、名、食、睡五欲等事。取者，於色、聲、香、味、觸之五塵境，廣遍追求，滿其欲望也。愛、取二者，隨逐煩惱，為現在之無明。有者既有塵欲，作有漏業，當生二有也，生、老死二者為未來之果。因果循環，生死不斷，不出此十二因緣。吾人是順生死流，即由無明緣行，行緣識，順次相緣，以至老死。緣覺由十二因緣悟道，知生死根本在無明，故首滅之。無明滅則行滅，行滅則識滅，乃至老死亦滅，所謂逆生死流，是即緣覺所修之十二因緣法也。

大乘與小乘不同之處，小乘只知自利，大乘則重在利他。前講聲聞緣覺所修之法，均為自己精修，了脫生死，大乘菩薩則不然。「菩薩」二字，譯自梵文，梵文原為「菩提薩埵」。「菩提」者，覺也，「薩埵」者，眾生也，以覺上求佛道為自利，以悲下救眾生為利他，蓋不求僅能自利也。其修行之方法為六度，布施、持戒、忍辱、精進、禪定、般若是也。大乘菩薩既以利他為旨，故第一事即為布施。布施有二種，則財施與法施。以貨財與人謂之財施，教人以道謂之法施。持戒為止惡修善之規律，吾人為惡，由於欲望，欲望不滿足，即生煩惱，所以持戒以減遏欲望。戒有五：一戒殺，二戒盜，三戒淫，四戒妄語，五戒飲酒。忍辱所以治嗔。精進謂向前猛力用功，禪定為菩薩真實用功之法，專心斂念，守一不散之謂。禪定以後，發生大智慧，能照了一切諸法，無不通達，是為般若。

其次當論中國現在所有佛教宗派。共可分為十派：一、俱舍宗，二、成實宗，此二宗為小乘法。三、律宗，四、法相宗，五、三論宗，六、華嚴宗，七、天台宗，八、真言宗，九、淨土宗，十、禪宗，以上八宗為大乘法。佛在世說法四十九年，並未著書。現在所有經典，皆其弟子於佛滅度後，各彙集其所聞而成。中國自漢迄唐，翻譯極盛。今所傳之《大藏經》，分經、律、論三類。佛口親說或命弟子所說之法為經，後人加以註釋為論，講明戒律者為律。其宗派所由分，乃由弟子所聞佛說各有不同之故。亦猶孔子對門弟子說仁，各因其人而不同，弟子傳之遂分成宗派也。唯其大別可分為空、有兩論。空、有兩論，乃佛當時鑒於各人之觀念不同，而分別救正之，使歸於中道者。例如有人說世間一切是空的，佛恐其執定空見，不合中道，遂為之說有；其人既聞有後，以為世間一切是有的，佛遂復為之說空。佛之目的，欲使人不固執一邊之見，而悟非空非有之中道，後人因其所聞者不同，遂成空有兩宗之別。

就中國小乘兩派言，則俱舍宗講有，成實宗講空。俱舍宗本於世親菩薩之《俱舍論》，此論專弘有宗，六朝時陳朝真諦三藏譯此論，後來佚失不傳。唐玄奘法師重譯三十卷，其門人等大為闡揚，遂立此宗。

成實宗本於訶梨跋摩之《成實論》，此論發揮人法二空之理，與俱舍恰相反。此宗觀察宇宙萬有，分為世界門及第一義門。世界門認諸法為有，人我非無。卻不知一切諸法，皆從因緣而生，離因緣則滅，雖有亦假，似有實無。第一義門，則說人空法空。二空真理，至此宗乃顯然揭出。

律宗之起，當佛滅度時，弟子詢佛：「佛在世時，以佛為師，佛滅度後，將以何為師？」佛曰：「戒為師。」是為律宗之始。唐道宣律師，盛弘此宗。近代寶華山專以律著名，蓋佛家之戒、定、慧三字，次第相須，未有不持戒而能得定、慧者。持戒則違背凡情，隨順聖道；不持戒則違背聖道，隨順凡情。焉能超出生死大海耶？

法相宗之經論甚多。此宗成立於唐玄奘法師。玄奘原是大學問家，出家後對於前人所譯經典有懷疑之處，乃立志自往印度求學。到印度後，從戒賢論師，精通其法，歸國譯傳，遂成法相宗。其教義以宇宙萬有悉為識所轉變，三界唯心，心外無法。當時宗風極盛，宋以後漸衰，論疏亦佚失，至明朝而復振，學者著述頗富。然因未睹論疏，不免向壁虛造，多所乖舛。今則論疏自日本《續藏》中取回，學者始得觀此宗之真面目。

西土本「性」、「相」兩宗：性宗談自性空，相宗談如幻有。相宗即前述之法相宗，性宗則三論宗也。三論者，《百論》、《中論》、《十二門論》是也。《百論》破世間之邪，以顯一切之正。《中論》破大小二乘之迷，通於大小兩教。《十二門論》破小乘之妄執，以顯大乘之真義。

華嚴宗與天台宗，可稱中國佛學。《華嚴》為最廣大之經。唐杜順和尚依經立觀，為此宗之初祖。天台宗，以地得名，隨時有智者大師居天台山，建立此宗。其所宗為《法華經》，其修持法門為三止三觀。三止者：一、體真止，謂體達無明顛倒之妄，即是實相之真；二、方便隨緣止，謂隨緣歷境，安心不動；三、息二邊分別止，謂不分別生死涅槃有無等二邊之相。三觀者：空觀，假觀，中觀也。

真言宗亦名密宗，與他宗箴異。他宗多以理為本，依理起修；此則於理之外，偏重事相。其所依之經為《大日經》，謂非釋迦所說，乃大曰如來所傳。且謂釋迦所說之經，皆是方便，唯此教乃真實之言說，故曰真言。其修持方法為持咒，儀式極多。唐時傳入中國，至明代即禁止，然盛行於日本。今西藏、蒙古之喇嘛教即此宗之支流也。

淨土宗專教人念佛發願往生淨土，故名。晉有慧遠法師倡此宗，曾在廬山發起蓮社，當時入蓮社者，均係一般知名之人，陶淵明亦加入焉。他宗教人修持，皆步步前進，竪出三界，成功較難。淨土宗則用念佛法門，教人依仗佛力，橫超三界，且可帶業往生淨土，只要臨命終時，一念不亂，所以為最便利之法也。

禪宗創自菩達摩祖師。達摩以學人專於文字上用功夫，執著知見，障礙真修，故不立文字，直指人心，教人默坐離念，明心見性。故禪宗不論不識字的人，或極聰明之人，都可以學。淨土與禪宗，今極盛行。自明以來，大叢林中所用參禪方法，即是禪宗。然無有不兼用念佛功夫者，所謂禪淨雙修也。

以上所講十種宗派，實不外乎空有兩論。其修持方法，不外事修與理觀二者。現在研究佛學的人很多，但真能明白的很少。大概可分為兩種人：一為失意的政治家，彼視佛為消極的，為避世的，故一經失意，即藉此逃避。其實佛學是積極的，試觀釋迦說法四十九年，無一日不以度眾生為己任，何嘗是消極耶！二為學時髦的人，彼等以今日佛學頗流行，於是亦稍稍涉獵，自命為佛教徒。因佛經中有言及鬼神處，於是牽強附會，喜為扶乩等神怪之事，以惑世誣人。學者不可不察也。

附錄二：五蘊大意

總說

佛教之根本修行，唯在破執。《般若心經》所云「照見五蘊皆空」一語，即破執之下手功夫，一切萬有，不出「五蘊」。能見五蘊皆空，斯妄執悉泯，真理顯現焉。

五蘊者何？色、受、想、行、識是也。蘊是積聚，宇宙人生，均為極微（元素）所積聚而不出此五者。就人生言，前一為身，後四為心。又前一屬物質界，後四屬精神界。倘能照見五蘊皆空，那是徹見身心皆空，亦即徹見一切精神物質皆即是空，故為佛教之根本法也。

今欲照見五蘊皆空，不可不先明白五蘊之大意，依解起行。然後可契證於真空妙道。

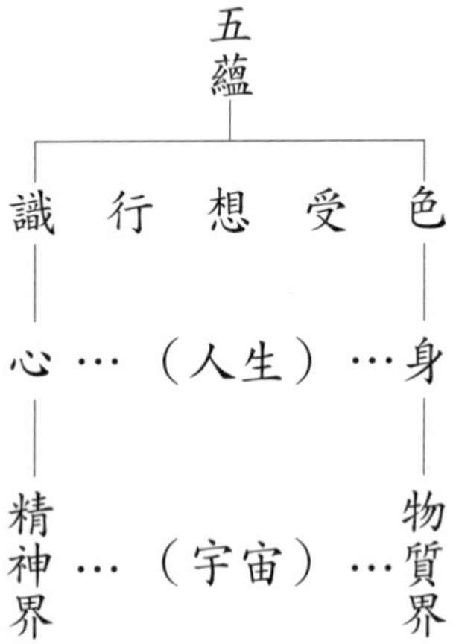

一、色蘊

色蘊有十一種。諸有形質之萬物，悉包括於此十一色法之內，十一色蘊者謂：

一、眼根。

二、耳根。

三、鼻根。

四、舌根。

五、身根。

六、色鹿（凡眼可見者皆屬之）。

七、聲塵（凡耳可聞者皆屬之）。

八、香塵（凡鼻可嗅者皆屬之）。

九、味塵（凡舌可嘗者皆屬之）。

十、觸塵（凡身可觸者皆屬之）。

十一、無表色（是不可見之色法，又名法處所攝色）。

此十一色蘊。不但就吾人之一身言，即宇宙萬象莫不於此概括盡之。以上五根、五塵、無表色等十一色蘊之本質，即為四大、四大者：一地、二水、三火、四風。地者堅性、水者濕性、火者暖性、風者動性，一切萬物皆此四大種子之所造成。

就人身言，筋肉骨骼皆屬堅性；血汗水分皆屬濕性；體溫熱氣皆屬暖性；呼吸吐納皆屬動性。就宇宙言，金木土石即為地大；江海川流即為水大；曝暖炎燒即為火大；空氣流動即為風大。佛經云「大種造色」，即此謂也。

又此中之五根，以五應為境，根塵相對乃能生識。而此五根，即五識所依之清淨色也。

眼根——以色為境——為眼識所依之清淨色
耳根——以聲為境——為耳識所依之清淨色
鼻根——以香為境——為鼻識所依之清淨色
舌根——以味為境——為舌識所依之清淨色
身根——以觸為境——為身識所依之清淨色
色塵——為眼之境
耳塵——為耳之境
香塵——為鼻之境
味塵——為舌之境
觸塵——為身之境

五根對五塵而生識。此中又有分別，即眼耳二根是離中取境，鼻、舌、身三根是合中取境。

眼根——離中知（離於眼而見）（離中知指根境相離，不接觸仍能知）

耳根——離中知（離於耳而聞）

鼻根——合中知（合於鼻而嗅）

舌根——合中知（合於舌而嘗）

身根——合中知（合於身而觸）

無表色是意根所造成之色，如入火光，定示現有火；入水光，定示現有水之類。要之十一色蘊即為四大之所造，而四大即為十一色蘊之能造也。

二、受蘊

受、想、行、識不屬於物的範圍，屬於心的範圍者也。吾人心的發動，最初由感覺環境而起，故名為受。受有三：一曰樂受，二曰苦受，三曰捨受（亦名不苦不樂受）。苦樂二受，為環境上順逆之感覺。吾人之有苦有樂，不過環境之顛倒，實則苦樂之性質並無兩樣。試以感受之時間分析之，各有生住滅之三時。如病是苦，方初生時覺得是苦，正住病中時更覺其苦，乃病已除，則覺其樂矣。於快樂時亦然。初生是樂，正享受時更樂，及樂除滅時則覺其苦矣。吾人如此體忍，則苦樂乃不成問題。至於捨受，則其環境為非順非逆，感覺為不苦不樂。在修行上，苦樂二受，易於解脫，而捨受則不易斷除也。

三、想蘊

吾心由感覺進而至於取像，即為想蘊。想者，即取諸境像之謂也。此又可分為有相想與無相想之二種。能取諸境界而起言說，具有明瞭及分別兩種相狀者，為有相想。難取諸境界，或缺分別，或缺明瞭，如嬰兒雖能對色起想，而不能了此名為色者，為無相想。

修行上有種種法門，無非對治妄想，蓋想為生死根本，必須捨除，方可了脫生死，證入佛道也。

四、行蘊

吾心由取像進而至於有所造成，即名行蘊。行者造作之義，念念相續，而行動不息也。其範圍最廣，包括五十一心所，又二十四心不相應行。受想二蘊本屬於行蘊之五十一心所中，因二者力量最勝，故別開之。

五十一心所，又名「心相應行」。內分遍行五、別境五、善十一、煩惱六、隨煩惱二十、不定四。但除受想，即為四十九心所。

遍行者，謂遍起於一切善、不善、無記心者。原有五法，但受、想二法別開，故為三法，分別為：觸、作意、思。

別境者，謂於各別之境界而起者，此有五：一、欲，二、勝解，三、念，四、三摩地，五、慧。

善者，謂善心所。此有十一：一、信，二、慚，三、愧，四、無貪，五、無嗔，六、無癡，七、精進，八、輕安，九、不放逸，十、捨，十一、不害。

煩惱者，謂不善心所，此係根本煩惱，有六法：一、貪，二、嗔，三、癡，

四、慢，五、疑，六、見。

隨煩惱者，亦是不善心所，隨以上根本煩惱而起，故名隨煩惱。此有二十：一、忿，二、恨，三、覆，四、惱，五、嫉，六、慳，七、誑，八、諂，九、驕，十、害，十一、無慚，十二、無愧，十三、昏沉，十四、掉舉，十五、不信，十六、懈怠，十七、放逸，十八、失念，十九、散亂，二十、不正知。

不定者，不能定其為善為惡，以其通於善惡無記者也。此有四法：一、悔，二、眠，三、尋，四、伺。

二十四心不相應行，即是不與心相應而起之蘊行。共有二十四法：一、得，二、無想定，三、滅盡定，四、無想天，五、命根，六、眾同分，七、生，八、老，九、住，十、無常，十一、名身，十二、句身，十三、文身，十四、異生性，十五、流轉，十六、定異，十七、相應，十八、勢速，十九、次第，二十、時，二十一、方，二十二、數，二十三、和合，二十四、不和合。

以上皆屬行蘊。

五、識蘊

受、想、行蘊，皆從心的活動方面分析言之。心的本體即是識蘊，所謂心王也。可分為八：一、眼識，二、耳識，三、鼻識，四、舌識，五、身識，六、意識，七、末那識，八、阿賴耶識。

識者，由根塵相對而發生之知識也。如眼根對色塵而生眼識，耳根對聲塵而生耳識，鼻根對香塵而生鼻識，舌根對味塵而生舌識，身根對觸塵而身識。此五識，又合稱為前五識。第六則意根對法塵而生意識。

前五識必須有意識為之總持，若無意識，則前五不能成識。所謂視而不見，聽而不聞也。平常人只知有六識，即科學家所知，亦不出六識。然佛教中則尚有七、八二識，此係用反觀功夫而發現。第六識有根，即第六識分別事物，念念起，念念滅。由甲至乙，由乙至丙，是有間斷的，然我之一念，無始以來，從不間斷。佛家由禪定功夫破第六識而知此不間斷之意，是名第七識。

第七識，我國向來無此名詞，故義不能翻譯，其音名為「末那」，即執我之義，謂吾人對於一切事物，執以為「我」及「我所」。因之造諸業苦，皆是此識之業用。故佛教中根本教義，即在破除我執，而轉變此第七識也。

第八識為第七識之所依，名阿賴耶識，亦是譯音，義為「含藏」，含識一切善惡因果種子而相續不斷也。此含藏有三義：一為能藏，二為所藏，三為我愛執藏。能藏即為第八識，所藏是前七識，我愛執藏是第七識。

第八識範圍廣大，不但吾人身心由此識而起。即宇宙間一切現象，皆是八識之相分所顯現，因此遂有種種業報。然由佛教之眼光觀之，則宇宙萬象無非眾生之妄執而已。故一切佛藏中，唯在講一「破」字，即破執是也。蓋「破執即法」、「執破即佛」將一切有漏之識，變而為無漏之智，此所謂轉識成智也。

轉識之次第，即先轉第六識成妙觀察智，次轉第七識成平等性智，再同時轉第八識成大圓鏡智，及前五識成所作智，故名為三轉四智。

結論

五蘊大旨，略如上述。夫佛教主要，在空識五蘊。易言之，即破身心之幻妄也。故先須明瞭五蘊之意義，然後能用返照功夫，了知本來是空也。

須知世間萬象一切本空，唯依因緣湊合而成。而第八識，含藏業因種子，故又名業識。吾人身體雖恐，此識不斷，隨業力流博，長在生死輪迴中，而有色、受、想、行、識諸蘊之蔽障焉。

經云：「色如聚沫，受如水泡，想如野馬，行如芭蕉，識為幻法。」此五蘊之不實可知。空諸五蘊者，了知其本來是空也。

今日為時間關係，僅略舉大意。欲知其詳，可觀世親菩薩之《五蘊論》、安慧論師之《廣五蘊論》。兄弟昔年在學校講此論時，曾就《廣五蘊論》加以註釋，名《大乘廣五蘊論註》，由商務印書館刊行，此為相宗入門要典也。

（民國二十年十一月二十九日，蔣竹莊居士在世界佛教居士林佛學研究會講，高觀廬居士記錄。）

附錄三：近代佛學入門推薦書單

佛學入門

1. 《佛陀的啟示》，羅睺羅（Walpola Rahula）著，顧法嚴譯，一九九六，慧炬出版社。
2. 《簡明佛法概論》，于凌波著，二〇〇五，東大圖書。
3. 《佛教的真髓》，水野弘元著，香光書鄉編譯組譯，二〇〇二，學生書局。
4. 《佛學概論》，屈大成著，二〇〇二，文津出版社。
5. 《達賴喇嘛說佛教：探索南傳、漢傳、藏傳的佛陀教義》，達賴喇嘛、圖丹·卻准著，項慧齡譯，二〇一六，橡實文化。
6. 《佛學概論》，林朝成、郭朝順著，二〇一二，三民書局。
7. 《佛學概論》，釋太虛著，一九三四，上海佛學書局。
8. 《佛法概論》，釋印順著，二〇〇九，正聞。
9. 《正信的佛教》，釋聖嚴著，一九九九，法鼓文化。

10.《佛教入門》，釋聖嚴著，一九九九，法鼓文化。
11.《學佛群疑》，釋聖嚴著，一九九九，法鼓文化。

佛學思想

1.《正見：佛陀的證悟》，宗薩蔣揚欽哲仁波切著，二〇一一，中國書局。
2.《當和尚遇到鑽石》，麥可．羅區格西、克莉絲蒂．麥娜麗著，項慧齡、吳茵茵譯，二〇〇九，橡樹林。
3.《生生基督世世佛》，一行禪師著，薛絢譯，一九九七，立緒。
4.《當生命陷落時：與逆境共處的智慧》，佩瑪．丘卓著，胡因夢、廖世德譯，二〇〇一，心靈工坊。
5.《西藏生死書》，索甲仁波切著，鄭振煌譯，二〇一五，張老師文化。
6.《佛學今詮》，張澄基著，一九七三，慧炬出版社。
7.《中國佛學思想概論》，呂澂著，一九八二，天華出版社。
8.《印度佛學思想概論》，呂澂著，一九八二，天華出版社。
9.《印度佛學的現代詮釋》，吳汝鈞著，二〇一五，文津出版社。

10.《中國佛學的現代詮釋》，吳汝鈞著，二〇一一，臺灣商務印書館。

11.《佛教思想發展史論》，楊惠南著，二〇〇八，東大圖書。

12.《印度佛教思想史》，釋印順著，二〇〇三，正聞。

13.《空之探究》，釋印順著，二〇〇三，正聞。

14.《佛性與般若》，牟宗三著，二〇一一，學生書局。

史地傳記

1.《印度佛教史》，平川彰著，二〇〇四，商周出版。

2.《漢魏兩晉南北朝佛教史》，湯用彤著，二〇一五，商務印書館。

3.《中國佛教研究史》，梁啟超著，二〇〇八，中國社會科學出版社。

4.《說一切有部為主的論書與論師之研究》，釋印順著，二〇〇〇，印順文教基金會。

5.《原始佛教聖典之集成》，釋印順著，一九八六，正聞。

6.《初期大乘佛教之起源與開展》，釋印順著，二〇〇三，正聞。

7.《中國禪宗史》，釋印順著，二〇〇三，正聞。

8.《中國佛教史概說》，釋聖嚴著，一九九八，臺灣商務印書館。
9.《日本佛教史》，末木文美士著，涂玉盞譯，二〇〇二，商周出版。
10.《世界佛教通史》，釋聖嚴著，一九八八，東初。
11.《佛學研究方法論》，吳汝鈞著，二〇〇六，學生書局。
12.《佛陀：喬達摩的人生旅程》，凱倫・阿姆斯壯著，二〇〇九，左岸。
13.《藏傳釋迦牟尼佛傳》，格桑曲吉嘉措著，達多譯，二〇一六，商周出版。
14.《新譯高僧傳》，慧皎著，二〇一四，三民。
15.《弘一大師傳》，陳慧劍著，二〇一四，東大圖書。

各宗

1.《佛教各宗大意》，黃懺華著，一九九八年，臺北：新文豐出版社。
2.《禪與中國》，柳田聖山著，毛丹青譯，一九九二，桂冠。
3.《中國禪思想史》，柳田聖山著，吳汝鈞譯，一九九五，商務印書館。
4.《鈴木大拙禪學入門》，鈴木大拙著，二〇〇九，商周出版。
5.《天台思想入門》，鎌田茂雄著，轉瑜譯，二〇〇九，佛光文化。

6. 《華嚴思想》，川田熊太郎著，李世傑譯，一九九〇，法爾出版社。
7. 《淨土今說》，張澄基著，一九八八，慧炬出版社。
8. 《淨土教理史》，望月信亨著，一九九八，華宇。
9. 《淨土與禪》，釋印順著，二〇〇三，正聞。
10. 《念佛生淨土》，釋聖嚴著，一九九九，法鼓文化。
11. 《淨土在人間》，釋聖嚴著，二〇〇三，法鼓文化。
12. 《行腳走過淨土法門：曇鸞、道綽與善導開展彌陀淨土教門之軌轍》，陳劍鍠著，二〇〇九，商周出版。
13. 《唯識學綱要》，于凌波著，二〇〇六，東大圖書。
14. 《唯識哲學》，吳汝鈞著，二〇〇五，佛光文化。
15. 《如來藏之研究》，釋印順著，二〇〇九，正聞。

實修

1. 《成佛之道》，釋印順著，二〇〇五，正聞。
2. 《觀呼吸》，佛使比丘著，鄭振煌譯，二〇一四，大千。

3.《正念的奇蹟》，一行禪師著，何定照譯，二〇一二，橡樹林。

4.《不思量的藝術》，一行禪師著，賴隆彥譯，二〇一五，商周出版。

5.《諦聽與愛語》一行禪師著，賴隆彥譯，二〇一四，商周出版。

6.《用正念擁抱恐懼》，一行禪師著，士嚴譯，二〇一三，商周出版。

7.《戒律學綱要》，釋聖嚴著，一九八二，天華出版社。

8.《禪門修證指要》，釋聖嚴著，一九八二，東初。

9.《牛的印跡：禪修與開悟見性的道路》，釋聖嚴、史．丹蒂文生著，二〇一五，商周出版。

10.《如何修證佛法》，南懷瑾著，一九九一，老古文化。

11.《覺燈日光：道次第講授成滿智者所願》，達賴喇嘛著，蔣揚仁欽譯，二〇一二，商周出版。

12.《阿姜查的禪修世界》（戒、定、慧共三部）阿姜查著，賴隆彥譯，二〇〇四，橡樹林。

13.《森林中的法語》，阿姜查著，賴隆彥譯，二〇〇二，橡樹林。

國家圖書館出版品預行編目資料

寫給年輕人的佛學入門 / 蔣維喬著. -- 初版. -- 臺北市：商周出版，城邦文化出版：家庭傳媒城邦分公司發行，民106.03

面；　公分. --（生活館）

ISBN 978-986-477-184-4（平裝）

1. 佛教

220　　106000498

寫給年輕人的佛學入門

原著書名／佛學綱要
作　　者／蔣維喬
責任編輯／陳名珉

版　　權／翁靜如
行銷業務／李衍逸、黃崇華
總 編 輯／楊如玉
總 經 理／彭之琬
事業群總經理／黃淑貞
發 行 人／何飛鵬
法律顧問／元禾法律事務所 王子文律師
出　　版／商周出版
台北市中山區民生東路二段141號4樓
電話：(02) 2500-7008 傳真：(02) 2500-7759
E-mail：bwp.service@cite.com.tw
Blog：http://bwp25007008.pixnet.net/blog
發　　行／英屬蓋曼群島商家庭傳媒股份有限公司城邦分公司
台北市中山區民生東路二段141號2樓
書虫客服服務專線：(02)2500-7718．(02)2500-7719
24小時傳真服務：(02)2500-1990．(02)2500-1991
服務時間：週一至週五09:30-12:00．13:30-17:00
郵撥帳號：19863813　戶名：書虫股份有限公司
讀者服務信箱E-mail：service@readingclub.com.tw
歡迎光臨城邦讀書花園　網址：www.cite.com.tw
香港發行所／城邦（香港）出版集團有限公司
香港灣仔駱克道193號東超商業中心1樓
Email：hkcite@biznetvigator.com
電話：(852)2508-6231　傳真：(852)2578-9337
馬新發行所／城邦(馬新)出版集團【Cite (M) Sdn. Bhd.】
41, Jalan Radin Anum, Bandar Baru Sri Petaling,
57000 Kuala Lumpur, Malaysia
電話：(603)9057-8822　傳真：(603)9057-6622
Email：cite@cite.com.my

封面設計／王小美
電腦排版／唯翔工作室
印　　刷／韋懋實業有限公司
總 經 銷／高見文化行銷股份有限公司　電話：(02)2668-9005　傳真：(02)2668-9790
客服專線：0800-055-365

■ 2017年（民106）3月2日初版
■ 2023年（民112）9月1日初版2.4刷

Printed in Taiwan

定價／280元

 ISBN 978-986-477-184-4

城邦讀書花園
www.cite.com.tw